La luce la [...]

La VERA fisica della fotografia digitale

Autore:
Manuel Luciarini

Illustrazioni e copertina [1] a cura di:
Manuel Luciarini

Copyright 2022 Manuel Luciarini
Tutti i diritti riservati

CHI SONO

Ingegnere Elettronico.

Fotografo Amatoriale.
Torturo fotoni ma solo per hobby.

BLOG

manuelluciarini.wordpress.com

Manuel Luciarini

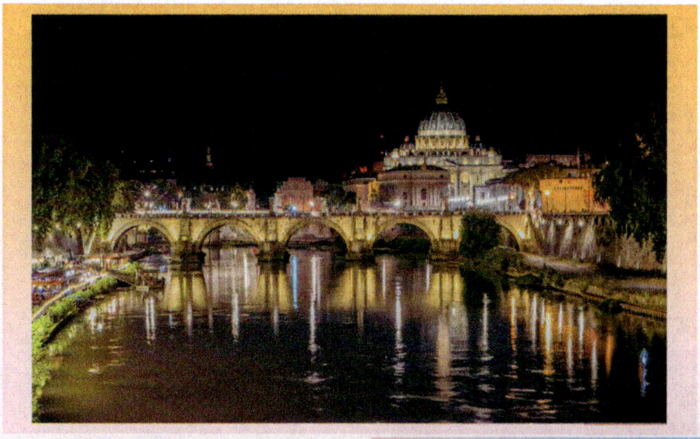

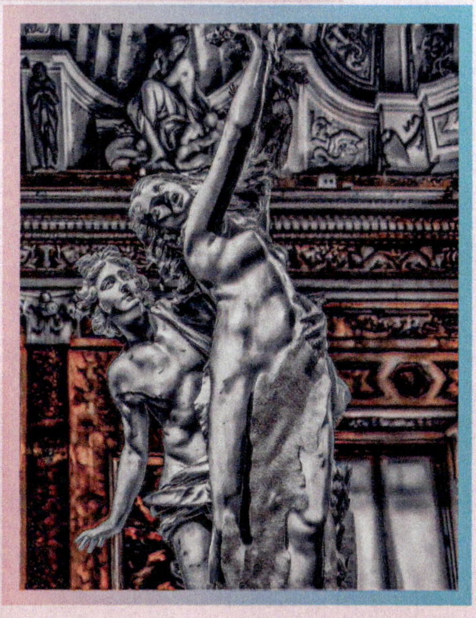

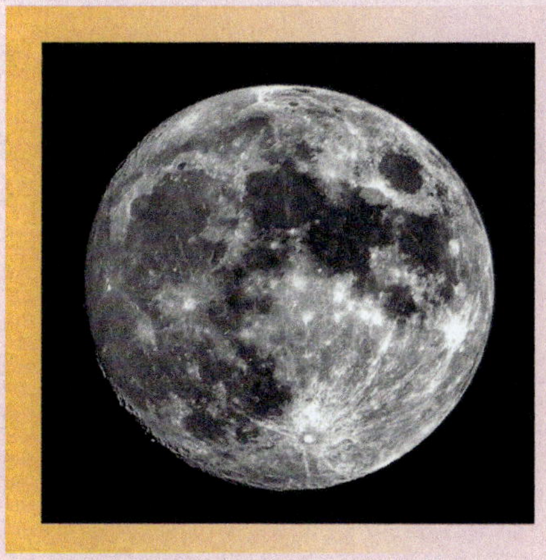

INTRODUZIONE 7

LISTA DEI FALSI MITI 8

CAPITOLO 1: LA FISICA 9

La Luce 10
   L'Interferenza 13
   Riflessione e Rifrazione 14
   La diffrazione da apertura 16
   Lumen e Watt 19
   Il modello corpuscolare 21

Elementi di Ottica 22
   La lente perfetta 22
   La lente reale 30

Elementi di Colorimetria 35

CAPITOLO 2: L'ATTREZZATURA 40

I tipi di fotocamera digitale 40

I componenti dell'apparato fotografico 42
   L' Obiettivo 42
      Prospettiva, Distorsione, Fisheye 50
      Le lenti Macro 57
      Il fuoco manuale 58
      L'AutoFocus 59
   Il Diaframma 63
   L'Otturatore 68
   Il Sensore 70
   Il Mirino 74
   Il Flash 76

CAPITOLO 3: UNO SCATTO DI QUALITÀ 81

Nitidezza e Risoluzione 83

La nitidezza dell'obiettivo	88
La diffrazione	89
Le aberrazioni	92
La nitidezza totale e lo Sweet Spot	92
La risoluzione del sensore	96
L'apparato fotografico complessivo	97

Rumore	**99**
Artefatti	**101**
Esposizione	**104**
Misurare l'esposizione	112
A occhio	112
Esposimetro interno (TTL)	113
Esposimetro esterno	116
Esporre col flash a slitta	117
TTL	117
Manuale	118
Gli istogrammi	121
Colore	**122**

CAPITOLO 4: GUIDA TECNICA ALLO SCATTO   124

Scegli il tipo di scatto	**124**
Impugna correttamente	**125**
Imposta Tempo, Diaframma, ISO	**128**
Scegli Tempo e Diaframma	128
Scegli l'ISO	133
Componi e Scatta	**135**
La regola dei terzi	135
Esecuzione Tecnica	136

CAPITOLO 5: PAESAGGISTICA   139

CAPITOLO 6: ASTROFOTOGRAFIA   145

La Via Lattea	145
La Luna	150
CAPITOLO 7: RITRATTISTICA	**155**
In Luce Naturale	156
In Studio	160
BIBLIOGRAFIA	**164**

Introduzione

Esisistono testi di fotografia in inglese da perdere la testa. Per dirne qualcuno "Science for the Curious Photographer" [2] e "Physics of Digital Photography" [3]. Sono speciali perchè profondi, accurati, puntuali nella descrizione della scienza dietro la tecnica fotografica.

In Italia avverto invece un gap profondo nel mondo fotografico. Vedo fotografi amatoriali totalmente disinteressati del funzionamento di un sensore, che chiamano aberrazione qualsiasi difetto di lente e che non sanno perché l'equazione dell'esposizione funziona. D'altro canto se aprite un testo di fisica, esso non azzarderà mai a spiegarvi l'equazione dell'esposizione. Troppo poco teorico, per carità.

Ho provato a scrivere il testo che avrei voluto avere come manuale di fotografia appena ho iniziato, cioè 8 anni fa. Un testo che unisca i due mondi, **avvicinando i fotografi allo studio della fisica** del dispositivo che hanno acquistato. Ma che sia **anche** una **guida operativa allo scatto** per il fotografo amatoriale o per chiunque abbia voglia di iniziare. Tale guida sarà nello specifico per i Paesaggi, i Ritratti e l'Astrofotografia.

Se in inglese questi testi ponte ci sono, perché la letteratura italiana non deve averne? Spero di esser riuscito nel mio intento. Vi invito ad andare avanti e farmi sapere.

Ringraziamenti

La mia formazione fotografica è passata dalle stalle alle stelle grazie ad un solo maestro, Fabrizio Pavia, un vero professionista del settore che vi farà giocare con le luci a piena potenza.

Non posso scordarmi di Alessio, Matteo e Carlo Calliari, compagni di fotografie da 8 anni. E ringrazio la mia combriccola di amici. Per avermi sopportato durante la stesura del testo.

Lista dei falsi miti

Prima di iniziare, ecco una lista di falsi miti, ahimè molto diffusi, che non si possono sentire e che troverete smentiti nel testo. Non vi biasimo se finora ci avete creduto. Io per primo ci credevo, finché non ho conosciuto gente più brava che me li ha smontati.

1. **"I megapixel sono tutto"** e **"I megapixel sono niente"**.

    Questa storia ha stufato. Smentiti nel paragrafo Nitidezza e Risoluzione.

2. **"L'ISO causa rumore digitale"**

    Questa storia ha stufato TANTO. Smentito nel paragrafo Scegli l'ISO.

3. **"I gradi Kelvin vanno al contrario rispetto ai Celsius. Valori alti corrispondono al freddo e valori bassi al caldo"**

    Ma no, ma de che. Smentito nel paragrafo Elementi di Colorimetria.

4. **"Sensore più grande = Scatto più luminoso"**

    Forse il più diffuso. Smentito nel paragrafo Esposizione.

5. **"Il rumore aggiunge dettaglio"**

    Chi lo dice avrà fatto una foto mangiata dal rumore e sta cercando di difenderla. Smentito nel paragrafo Rumore.

Capitolo 1: La fisica

Andiamo al sodo.

La cattura di uno scatto tramite una fotocamera digitale avviene nel modo che segue:

1. Un fascio di luce attraversa un oggetto, **l'obiettivo**, composto da una serie di lenti e da un foro (**diaframma**) la cui apertura regola la quantità di luce transitante.

2. La luce, superato il diaframma, colpisce un sensore elettronico fotosensibile durante un determinato tempo (**tempo di esposizione o di scatto**), regolato da apertura e chiusura di un'apposita saracinesca (**otturatore**).

3. Al momento di chiusura dell'otturatore, il sensore avrà accumulato, in ogni suo pixel, una quantità di carica elettrica proporzionale alla potenza luminosa in quel punto. Il profilo spaziale di tale carica rappresenta il segnale immagine, che viene immagazzinato in memoria digitale in formato binario.

La situazione è di seguito illustrata in figura.

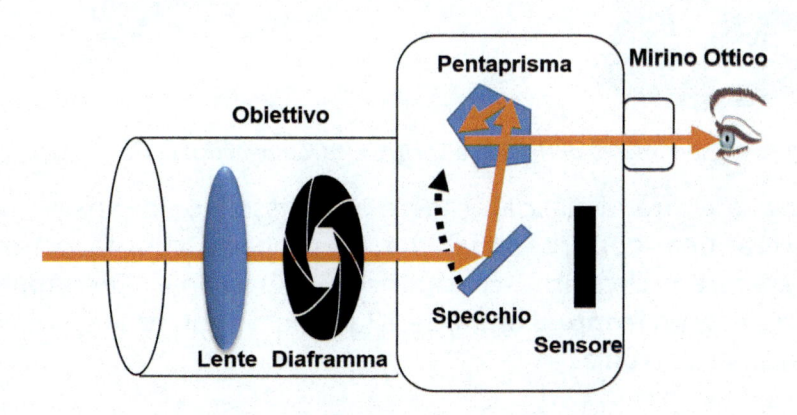

Figura 1: Schema semplificato di una fotocamera digitale, includente il sensore, l'otturatore (shutter) e le lenti.

La Luce

Cominciamo a studiare ciò che entra nella fotocamera, e cioè la luce.

In elettromagnetismo classico, la luce è un'onda elettromagnetica avente lunghezza d'onda compresa tra i 380nm (in cui ha il colore del violetto) e i 740nm (in cui ha il colore del rosso). La sovrapposizione di tutte le lunghezze d'onda di questo intervallo in uno stesso punto ha l'aspetto di luce bianca. Il primo scienziato a comprendere le diverse componenti spettrali (i.e. i colori) della luce bianca fu Sir Isaac Newton (1642-1727), il quale fece passare un fascio di luce bianca attraverso un prisma di vetro. In virtù del fatto che il vetro ha un indice di rifrazione (capirete presto il significato) differente per ogni colore, il prisma era in grado di separare i colori come mostrato in Figura 1. Ciò che vedrete in questo paragrafo sulla luce, riferitelo per semplicità ad una sua singola lunghezza d'onda.

Figura 1: Esperimento di Newton e Spettro elettromagnetico della luce [1], [4].

Immaginate ora di lasciar cadere un sassolino in acqua. Esso genererà una perturbazione che si propaga con l'aspetto di increspature circolari concentriche. Ciascuna increspatura rappresenta un **fronte d'onda**, i.e. il luogo dei punti dello spazio che oscillano in sincronia.

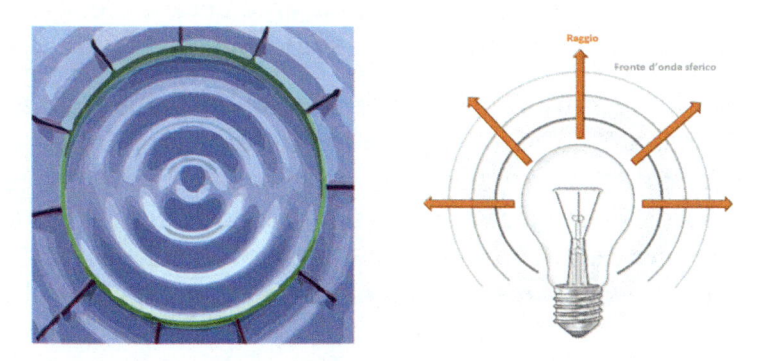

Figura 2: Analogia tra le onde del mare e la luce.

Partendo da questa analogia, possiamo fare alcune osservazioni:

1. La luce, che è un'oscillazione spazio-temporale dei valori di campo elettrico e magnetico, ha dei fronti d'onda dipendenti dalla geometria della sua sorgente. La lampadina in figura genera, a grande distanza, dei **fronti d'onda sferici**. La distanza tra due fronti d'onda adiacenti è detta **lunghezza d'onda** e indicata come λ [m]. Il tempo che il fronte d'onda impiega per spostarsi di λ è detto periodo e indicato come T [s] e il suo reciproco è detto **frequenza** $f = 1/T$ [Hz], che rappresenta il numero di oscillazioni al secondo.

2. In ambito di ottica geometrica, si definisce **raggio** una qualsiasi curva perpendicolare ai fronti d'onda. Essi definiscono le direzioni di propagazione della luce nei diversi punti dello spazio. Se il mezzo di propagazione è omogeneo, i raggi sono rettilinei, ed è il caso mostrato in Figura 2, in cui in particolare sono diretti radialmente. I raggi ottici vanno fisicamente pensati come dei **fasci di luce molto sottili** (ad esempio quello di una penna laser).

3. Non è detto che la luce abbia la medesima intensità in ogni punto del fronte d'onda. Per la torcia mostrata in Figura 3, è evidente come ci siano delle zone di luminosità (potenza irradiata per unità di area, [W/m^2]) maggiore di altre, lungo il fronte d'onda sferico. L'onda in tal caso si dice **non uniforme**.

4. La potenza irradiata per unità di area decade con la distanza d dalla sorgente con il fattore $1/d^2$ (**Inverse Square Law**).

5. Se un oggetto piccolo, come una lente o un sensore, viene illuminato da una sorgente molto lontana, il fronte d'onda sferico avrà un diametro così ampio che potrà essere approssimato localmente come piano (Figura 2, a destra). Tornerà utile nello studio delle lenti, ove a volte si considererà il caso di **onda piana** in ingresso (fascio di raggi paralleli).

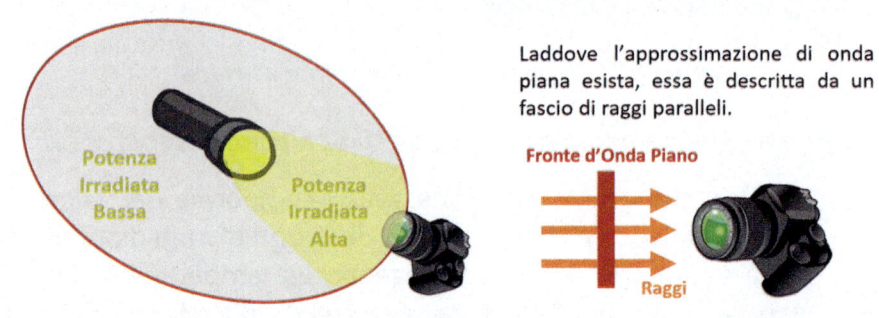

Figura 3: Luce emessa da una torcia, e approssimazione di onda piana.

Perché non vediamo la luce oscillare?

Nonostante oscilli nello spazio e nel tempo, la luce ci appare come un unico fascio luminoso.

Il nostro tempo di risposta (~50ms), infatti, è molto maggiore del periodo di oscillazione della luce (che viene dunque mediata nel tempo), e il nostro potere risolutivo (~0.1mm) è molto più grossolano della lunghezza d'onda della luce (che viene dunque mediata nello spazio). Il concetto è illustrato in figura [5].

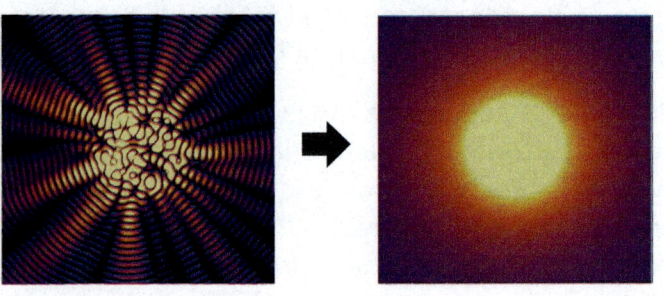

L'Interferenza

Prendete due sorgenti luminose di stessa lunghezza d'onda e affiancatele. Disegnate i loro fronti d'onda in corrispondenza dei massimi e dei minimi del campo elettrico (distano $\lambda/2$) e osservate il modo in cui si sovrappongono. I punti dello spazio dove si combinano minimo/massimo, sono quelli di interferenza completamente distruttiva (e saranno zone di buio totale se le due onde hanno medesima intensità). I punti dove si combinano massimo/massimo e minimo/minimo sono quelli di interferenza completamente costruttiva, e saranno le zone di luminosità massima.

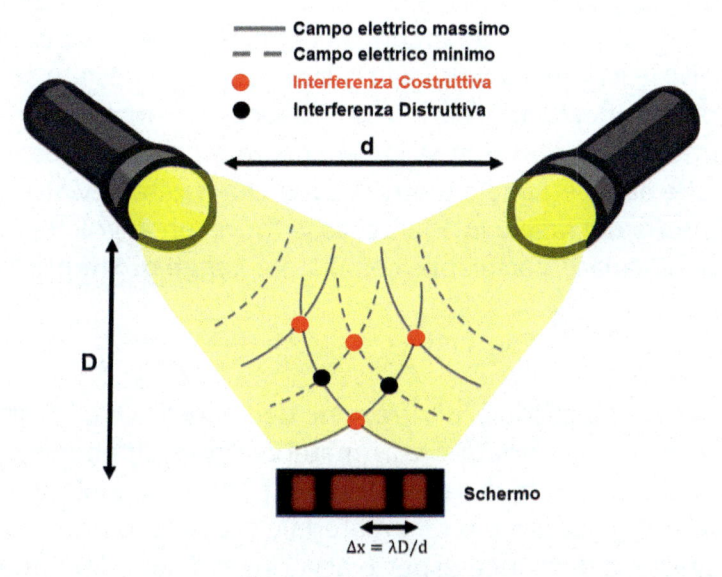

Figura 2: Interferenza

Qualcuno potrebbe obiettare che se utilizza due torce in quel modo, non vede il fenomeno. Per apprezzarlo dovete utilizzare delle sorgenti di luce monocromatiche (come dei laser di precisione). La presenza di più lunghezze d'onda, di fatti, sfuma le transizioni buio – luce, rendendole meno visibili. E bisogna, poi, proiettare la luce su uno schermo a distanza D almeno pari a 100 volte la distanza d tra le sorgenti. Altrimenti la distanza Δx tra le frange di interferenza sarà ben lontana dall'essere visibile a occhio nudo.

Riflessione e Rifrazione

Senza la rifrazione non esisterebbero le lenti e i sistemi di ingrandimento ottico. L'ingrandimento, di fatti, non è altro che l'aumento proporzionale delle distanze tra tutti i possibili punti che compongono l'immagine (il che ci piace perché permette, all'occhio o al sensore, che hanno un potere risolutivo limitato, di coglierne bene i dettagli). Tale amplificazione è resa possibile soltanto deviando i raggi emessi da tali punti dell'immagine. Cioè con la rifrazione.

Quando un raggio luminoso incide su una superficie (più precisamente, passa da un mezzo materiale, come l'aria, ad un altro, come il vetro o l'acqua) con un angolo ϑ_i rispetto alla perpendicolare alla superficie, si genera un raggio riflesso con il medesimo angolo $\vartheta_r = \vartheta_i$ con la perpendicolare. Se il secondo materiale non è perfettamente riflettente, sussiste anche un raggio trasmesso, detto rifratto, che attraversa tale materiale ma che risulta deviato rispetto alla traiettoria del raggio incidente. Esso forma un angolo ϑ_t, rispetto alla perpendicolare, calcolabile con la nota **Legge di Snell**[1]:

$$n_1 \cdot \sin(\vartheta_i) = n_2 \cdot \sin(\vartheta_t)$$

dove n₁ e n₂ sono gli indici di rifrazione dei materiali 1 e 2. L'indice di rifrazione è una proprietà di un materiale (ma dipendente anche dalla lunghezza d'onda della luce che vi sta transitando) che è tanto più grande di 1 quanto più tale materiale sta rallentando la velocità di propagazione della luce rispetto al vuoto. È di fatti definito come:

$$n = V_{Vuoto}/V_{Materiale}$$

dove V indica la velocità di propagazione della luce[2], quest'ultima pari al prodotto tra lunghezza d'onda nel materiale e frequenza dell'onda.

---

[1] Vi consiglio di cercarvi sia la dimostrazione elettromagnetica (condizioni di interfaccia tra i campi), sia quella basata sul principio di Fermat.
[2] Chiaramente l'indice di rifrazione del vuoto vale esattamente 1 a qualsiasi lunghezza d'onda. Altri valori utili, validi mediamente sulle lunghezze d'onda della luce, sono: 1.33 per l'acqua e 1.5-1.9 per il vetro.

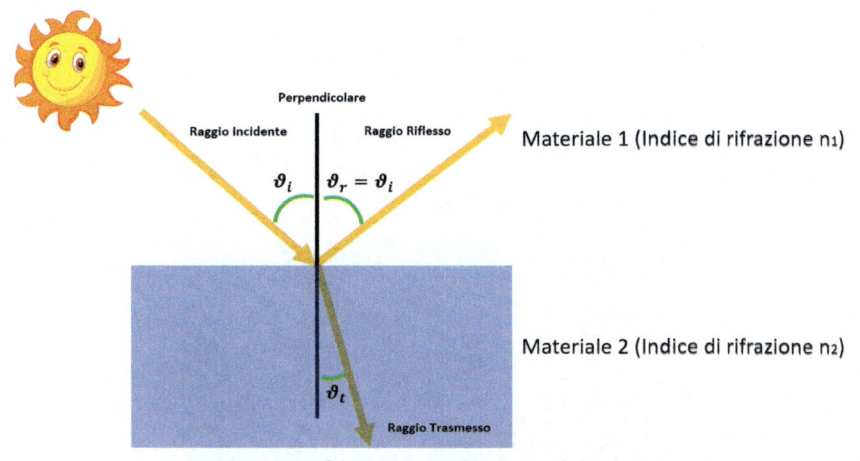

Figura 4: Riflessione e Rifrazione della luce.

Dalla legge di Snell discende che, se $n_2 > n_1$ (il mezzo di arrivo è otticamente più "denso", i.e. rallenta maggiormente la luce, di quello di partenza), il raggio rifratto si allontana dalla perpendicolare (rispetto al raggio incidente). Se invece $n_2 < n_1$, si avvicina alla perpendicolare. Da qui discende la nota proprietà (del modello raggistico della luce) di **reversibilità dei raggi ottici**, per cui nella precedente figura si possono invertire a piacere i ruoli di raggio incidente e rifratto (o raggio incidente e riflesso) lasciando inalterato il disegno.

La dicitura "mezzo otticamente più denso" è legata alla forte correlazione tra il valore di indice di rifrazione e la densità (rapporto massa/volume) dei materiali. La luce, quando si propaga in un mezzo, viaggia sempre alla sua velocità massima $V_{Vuoto} \approx 3 \cdot 10^8$ m/s, finchè tuttavia non incontra un atomo. Essa viene dunque assorbita e poi ri-emessa da quest'ultimo, il che comporta un piccolo ritardo temporale che globalmente si traduce in un rallentamento medio dell'onda. Quanti più atomi ci sono a parità di volume, tanto più spesso ciò accade e tanto più la luce è rallentata. Il singolo fronte d'onda, cioè, nello stesso tempo T (e cioè con la stessa frequenza f) del caso nel vuoto, si sposterà di una quantità $\lambda_{Materiale} = \lambda_{Vuoto}/n$ più piccola.

La diffrazione da apertura

Basta mostrare cosa accade quando le onde del mare attraversano lo spazio tra due barriere di scogli per capire subito la diffrazione. Per la luce, sussiste lo stesso fenomeno.

Figura 5: Diffrazione da apertura. Analogia con le onde del mare.

Quando un fascio luminoso, per semplicità lo si pensi piano, investe un foro praticato su uno schermo opaco, vale il **principio di Huygens:**

> *Ciascun punto di un fronte d'onda [dunque anche i punti giacenti sull'apertura] si comporta come una sorgente di onde sferiche il cui inviluppo dei fronti d'onda definisce il fronte d'onda complessivo.*

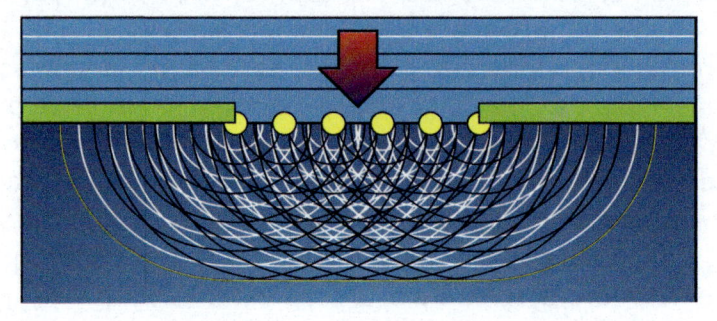

Figura 3: Principio di Huygens [6].

In parole povere, **il principio di Huygens ci dice che il profilo della luce al di là del foro è lo stesso che si avrebbe immaginando che la sorgente luminosa fosse il foro stesso**, dimenticandosi della sorgente vera a monte del foro. Immaginate che il foro sia la bocca di una torcia. Non di certo illuminerà solo dritto per dritto, ma la luce andrà anche verso altre direzioni. **Si definisce diffrazione da apertura il fenomeno di deviazione dalla direzione di propagazione** che la luce subisce quando attraversa un'apertura. Quanto più larga è quest'ultima, tanto più imperturbata sarà la direzione di propagazione iniziale, poiché lo schermo opaco avrà bloccato solo pochi punti del fronte d'onda: la maggior parte della potenza luminosa attraverserà il foro dritto per dritto. Se invece l'apertura è piccola, comparabile o più piccola della lunghezza d'onda della luce, vi sarà un notevole sbordamento verso l'esterno della luce.

Il principio di Huygens permette di calcolare precisamente quanta potenza va in quale direzione:

$$\underbrace{\vec{E}(x,y,z)}_{\text{Campo Elettrico dopo l'apertura}} \propto \underbrace{\iint_{\text{Apertura}}}_{\text{Inviluppo}} \underbrace{\overbrace{\vec{E_0}(x_0, y_0)}^{\text{Campo Elettrico incidente sull'apertura}} \cdot e^{-\frac{j2\pi}{\lambda z}(x_0 x + y_0 x)}}_{\text{Onda sferica elementare}} dx_0 dy_0$$

Le variabili x,y nel precedente integrale corrispondono alle coordinate spaziali sul piano dell'apertura, la variabile z giace sulla direzione di propagazione in corrispondenza del piano di osservazione. Il simbolo ∝ indica "proporzionale a". Chi è interessato a saperne di più, si cerchi il teorema di Schelkunoff. Per gli altri, basti sapere che la conformazione spaziale dell'onda a valle dell'apertura è funzione della sua conformazione spaziale sull'apertura, e in particolare è una sua Trasformata di Fourier spaziale su x,y.

Se l'onda iniziale è uniforme, cioè $\vec{E_0}(x_0, y_0)$ costante (il che accade ad esempio se la sorgente luminosa è puntiforme e molto lontana), la luce in uscita dal foro avrà una **mappa di intensità ([W/m²])** visibile su sensore o una pellicola a distanza z, al variare della direzione ϑ, pari alla Trasformata di Fourier della geometria dell'apertura. Per chi l'ha studiata sarà immediato rendersi conto di come, se il foro è circolare, la mappa di intensità avrà una regione luminosa centrale, detta **disco di Airy**, e una serie di anelli concentrici via via più deboli[3]. Tale mappa è anche detta **pattern d'interferenza**, poiché l'alternarsi di anelli di luce ad anelli d'ombra è dovuta all'interferenza (*inviluppo*) costruttiva e distruttiva tra le onde sferiche generate da ciascun punto del fronte d'onda sull'apertura.

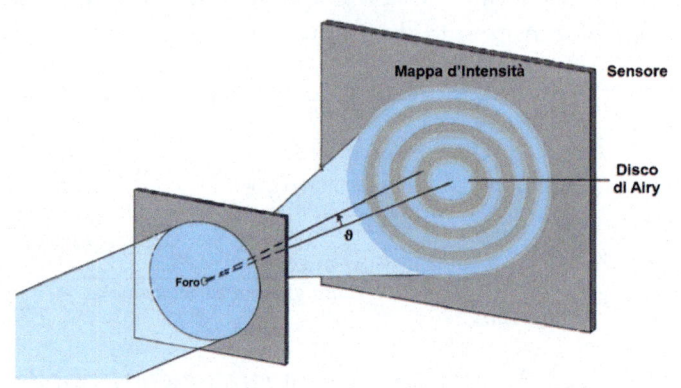

Figura 4: Diffrazione da apertura e Mappa d'Intensità.

Conoscere il disco di Airy sarà cruciale per comprendere il potere risolutivo delle lenti, nonché la nota tecnica fotografica del diaframma a effetto stella. Il raggio del disco di Airy, pari a 1.22λz/D (con D diametro d'apertura), definirà in particolare il potere risolutivo di una lente che, presa in ingresso la luce di una sorgente puntiforme, la presenterà al sensore allargata e con il pattern di interferenza appena descritto.

---

[3] Matematicamente, la trasformata di Fourier dell'apertura circolare di diametro D fornisce la funzione spaziale $J_1\left(\frac{2\pi}{\lambda \cdot z} D \cdot \sqrt{x^2 + y^2}\right) / \left(\frac{2\pi}{\lambda \cdot z} D \cdot \sqrt{x^2 + y^2}\right)$, con J_1 funzione di Bessel di primo tipo e primo ordine. Le variabili trasformate sono $\frac{2\pi}{\lambda z}x, \frac{2\pi}{\lambda z}y$ [1/m].

Lumen e Watt

Ho terminato i miei studi universitari senza che nessuno mi spiegasse cosa fossero lumen e lux. Non ditemi che danno un'idea della quantità di luce che c'è, perché fin lì ci arrivavo anch'io. Vediamo quale è la definizione precisa, e quando è preferibile parlare di Lumen e quando di Watt.

Da un punto di vista energetico, la luce è descritta da una sola grandezza fisica: la densità di potenza P trasportata per unità di area [W/m^2]. In fotometria[4], tale grandezza è detta **luminanza**, e viene espressa in [lumen/m^2]. Il lumen è una grandezza fisica equivalente al Watt, rappresentante cioè una potenza, e come tale deve essere pensata quando la si legge su esposimetri o targhe di lampadine.

Esiste una legge di conversione da Watt a lumen che rende, per come è definito, molto più utile la seconda nelle nostre applicazioni. In fotometria l'obiettivo è quello di quantificare la luminosità percepita dall'occhio umano di una sorgente di luce, e tale valore è fortemente dipendente dalla lunghezza d'onda, e cioè dal colore emesso, a parità di W/m^2 emessi. In altre parole, l'occhio umano percepisce il verde molto più intensamente del rosso e del blu, e dunque i W/m^2 emessi da una sorgente di tutti questi tre colori vanno pesati diversamente per ottenere un'unità di misura, appunto il lumen/m^2 che indichi quanto l'occhio umano percepirà luminosa quella sorgente.

Si definisce, per il verde a 555nm, la conversione 1W = 683 lumen. Per sorgenti monocromatiche di colori differenti, è stata individuata la legge sperimentale di conversione[5], con λ espressa in nm:

---

[4] La fotometria è la scienza della misurazione della luce, in termini di luminosità percepita dall'occhio umano.

[5] La legge di conversione più generale possibile, che vale anche laddove la sorgente luminosa abbia uno spettro continuo di lunghezze d'onda emesse (descritto dallo spettro di densità di potenza in lunghezza d'onda $\mathcal{P}(\lambda)$) è la seguente:

$$\text{Potenza [Lumen]} = \int_{380\,\text{nm}}^{740\,\text{nm}} 683 \cdot e^{-285.4 \cdot (0.001 \cdot \lambda - 0.555)^2} \cdot \mathcal{P}(\lambda) \left[\frac{\text{W}}{\text{nm}}\right] d\lambda$$

$$P(\lambda) \text{ [Lumen]} = 683 \cdot e^{-285.4 \cdot (0.001 \cdot \lambda - 0.555)^2} \cdot P(\lambda) \text{ [W]}$$

il cui grafico è riportato di seguito.

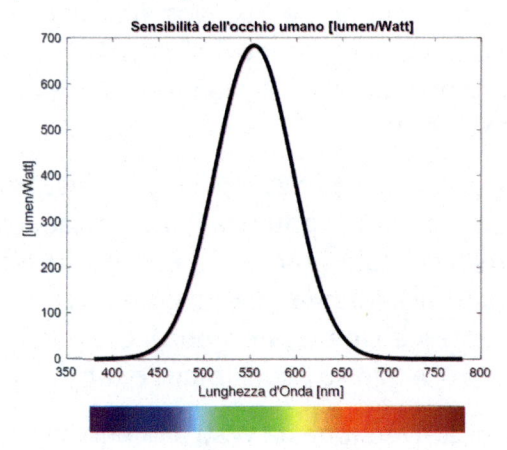

Figura 5: Curva di sensibilità dell'occhio umano [Lumen/W].

Dal momento che, a meno della funzione di conversione, Lumen e W rappresentano la medesima grandezza fisica, in questo testo si parlerà indistintamente di Potenza per unità di Area o di Luminanza, esprimendola in W/m^2 o in $Lumen/m^2$ (o talvolta in lux = $lumen/m^2$) a seconda della convenienza. E si ricordi che tale quantità decresce con la distanza al quadrato (inverse square law) dalla sorgente, come visualizzato nell'immagine che segue.

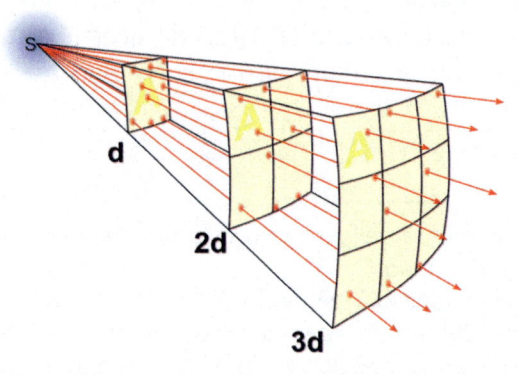

Figura 6: Inverse square law [7].

Il modello corpuscolare

Concludo questa introduzione sulla Luce, finora concepita come onda, con un cenno al modello corpuscolare, il quale definisce la luce come un **insieme di fotoni** emessi da una sorgente luminosa.

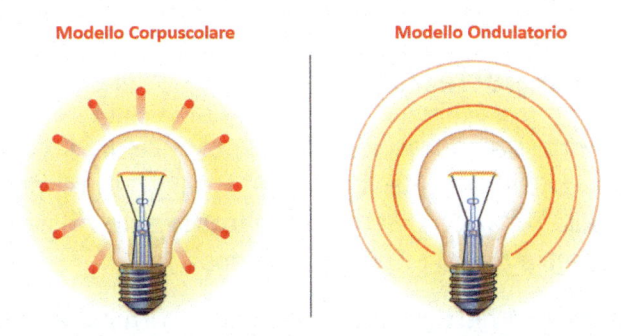

Figura 7: A sinistra, modelli Corpuscolare e Ondulatorio a confronto.

I fotoni vanno immaginati come delle particelle prive di massa, ciascuna delle quali trasporta energia pari a:

$$\text{Energia} = h \cdot \nu \quad [\text{Joule}]$$

dove $h = 6.6 \cdot 10^{-34}$ [J · s] è la costante di Planck e ν è la frequenza del fotone emesso [Hz], calcolabile come il rapporto tra la velocità di propagazione nel mezzo materiale in esame e la lunghezza d'onda.

Il legame tra i due modelli deriva dalla conservazione dell'energia. Data un'onda elettromagnetica che trasporta una densità di potenza per unità di area P [W/m²], il numero di fotoni trasportati nell'unità di tempo e per unità di area (flusso di fotoni) Φ è calcolabile come:

$$\Phi = \frac{P}{h \cdot \nu} \quad \left[\frac{\text{Fotoni}}{\text{s} \cdot \text{m}^2}\right]$$

Il mio consiglio è di **pensare la luce come onda quando parlate di lenti, e come corpuscolo quando parlate di sensori fotografici**. Fissato il flusso di fotoni, dipendente dalla luminosità della sorgente, maggiore il numero di fotoni che impatta sull'area di un sensore in un certo tempo (calcolabile moltiplicando Φ per l'area del sensore e per il tempo di esposizione), maggiore la luminosità percepita per l'immagine che esso catturerà.

Elementi di Ottica

Vi racconto qualcosa sulle lenti.

La lente perfetta

Si definisce **lente** un componente ottico capace di far convergere (se convessa) o divergere (se concava) i raggi luminosi tramite il fenomeno della rifrazione. Si definisce **immagine** l'insieme dei punti di intersezione tra due o più raggi luminosi.

Ciascun punto geometrico di una sorgente luminosa (una persona, una casa etc) emette più raggi. Se tutti questi raggi giungessero sul sensore fotografico, questo acquisirebbe un'immagine sfuocata (ad un punto di sorgente corrispondono più punti sul sensore). Ne discende che, in fotografia, **è cruciale la presenza di (almeno) una lente convergente** che faccia convergere i raggi luminosi provenienti dall'esterno sul sensore fotosensibile.

Le lenti più semplici da studiare sono quelle di spessore trascurabile rispetto al proprio raggio di curvatura, dette appunto **lenti sottili**.

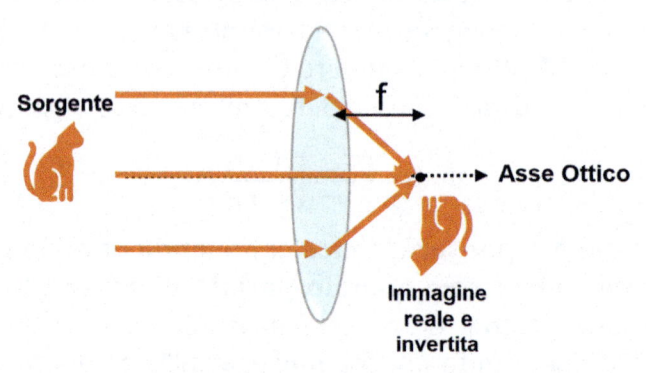

Figura 8: Lente sottile convergente.

Cominciamo con la lente sottile convergente e vediamone le proprietà fondamentali che TUTTI i fotografi devono sapere:

1. Si definisce **asse ottico** la semiretta orientata passante per il centro di curvatura della lente. Tutte le distanze da qui in poi misurate si intenderanno positive (attenzione: esistono convenzioni diverse in ottica).

2. La lente sottile convergente, sotto alcune approssimazioni (ottica parassiale), fa convergere un fascio di raggi in ingresso (provenienti dallo stesso punto di sorgente, ossia dalla stessa quota rispetto all'asse ottico), anche non paralleli, in un unico punto. I raggi vi giungono allo stesso tempo[6], per cui interferiscono costruttivamente. In tale punto si forma un'**immagine nitida** (la corrispondenza sorgente immagine è punto punto). L'immagine sarà **reale** (esiste fisicamente) e **invertita** (capovolta sia su-giù, sia destra-sinistra[7]).

> **Perché non vediamo l'immagine invertita?**
>
> L'inversione dell'immagine attuata da una lente convergente non costituisce un problema, purchè se ne tenga conto. L'occhio umano stesso riceve le immagini che vediamo quotidianamente ribaltate, ma il nostro sistema nervoso le re-inverte quando le visualizziamo. Nel caso di un sensore digitale di una fotocamera, è il signal processor a fare l'inversione. Riguardo infine l'immagine che il fotografo osserva sul mirino ottico, l'inversione attuata dalla lente è compensata da quella del pentaprisma. Nel caso di mirrorless, dotate di mirino elettronico, che è di fatto un display, la compensazione è realizzata dal Signal Processor.

---

[6] Vi invito a cercarvi sia la dimostrazione raggistica (basata sul principio di Fermat), sia quella elettromagnetica (basata sull'ottica di Fourier).

[7] Dal disegno si intuisce il ribaltamento su-giù. Essendo tuttavia la lente a simmetria di rotazione rispetto all'asse ottico, lo stesso si verifica a destra-sinistra. Analogamente, come esiste un ingrandimento verticale dell'immagine (come si vedrà), esiste anche un allargamento orizzontale di medesima entità. Per questo motivo si parlerà di "ingrandimento" in senso generico.

3. Si definisce **lunghezza focale f** (metri, [m]) la distanza tra il centro ottico della lente e il punto (fuoco) in cui convergono raggi inizialmente paralleli a monte della lente[8], cioè raggi emessi da una sorgente infinitamente lontana. La focale f **è una proprietà della lente**, che dipende dai raggi di curvatura della sua superficie e dall'indice di rifrazione del vetro usato.[9]
4. **Se la sorgente non è a distanza infinita**, e cioè se i suoi raggi non giungono paralleli alla lente, quest'ultima li fa ancora **convergere, ma a distanza maggiore** rispetto alla focale. Lì va posto il sensore per acquisire l'immagine.

Lente Sottile Convergente

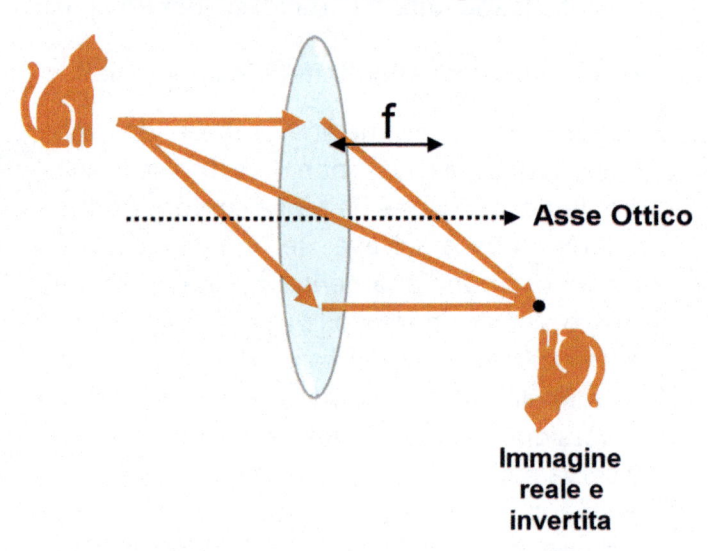

Figura 9: Convergenza di raggi in ingresso non paralleli.

---

[8]Raggi paralleli significa onda piana in ingresso. Non sempre è così, ovviamente. Ma è il caso di riferimento utilizzato per definire la lunghezza focale.
[9]Se le curvature sui due lati sono uguali e di raggio R, si ha:
$$f = [(n_{vetro} - 1) \cdot (2/R)]^{-1}$$

5. Il ragionamento appena fatto va fatto, a rigore, per ciascun punto geometrico di sorgente (il gatto nelle Figura precedenti). Prendiamo due punti, l'occhio (S_1) e la zampa posteriore destra (S_2). Le loro immagini, per semplicità omesse, si formeranno nitide dall'altra parte a distanze di convergenza diverse (L_1 e L_2). Purtroppo (o per fortuna), un sensore posto a distanza L_1 metterà a fuoco l'occhio ma non la zampa, e uno posto a L_2 metterà a fuoco la zampa ma non l'occhio[10]. Perciò in fotografia **bisogna regolare la messa a fuoco secondo quale punto sorgente vogliamo sia nitido**.

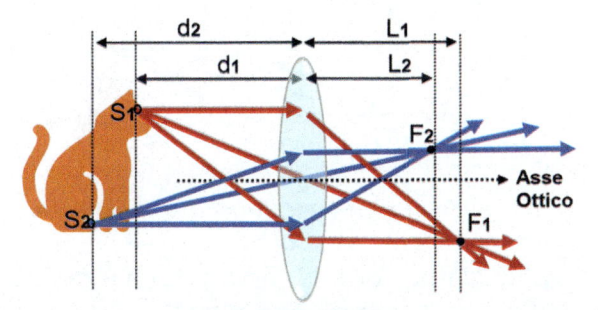

Figura 10: Imaging.

Le distanze di convergenza non sono a caso. Esiste una legge precisa, detta equazione di imaging, che ne permette il calcolo in funzione della distanza d del punto sorgente:

$$\boxed{\frac{1}{d} + \frac{1}{L} = \frac{1}{f}}$$ **Equazione di Imaging**

Imparatela subito. Poi, forse, potrete dire di aver scrostato la punta dell'iceberg. L'equazione ci dice anche un'altra cosa cruciale: tutti i punti sorgente sul piano a distanza d dalla lente, avranno i loro rispettivi punti di convergenza sul piano a distanza L dall'altro lato della lente. **Quando si mette a fuoco, dunque, lo si fa su uno specifico piano, con tutti i punti sorgente che ne fanno parte.**

---

[10] Non ve l'ho ancora detto, ma **vale la sovrapposizione degli effetti**:
Immagine Totale = Immagine (Sorgente 1) + Immagine (Sorgente 2)

6. **Le lenti possono ingrandire (e rimpicciolire)**. Prendiamo due punti sullo stesso piano sorgente, come la gola (S₁) e la zampa anteriore destra (S₂) del gatto. Se fisicamente la loro distanza (metri, [m]) è H_S, nell'immagine sarà H_I ([m]). In base a cosa? In base a quanto spazio hanno avuto i raggi ottici per separarsi prima di arrivare alla lente (distanza d) e in base a quanto ne hanno avuto dopo per convergere (distanza L, che comunque dipende da d, e dalla focale f).

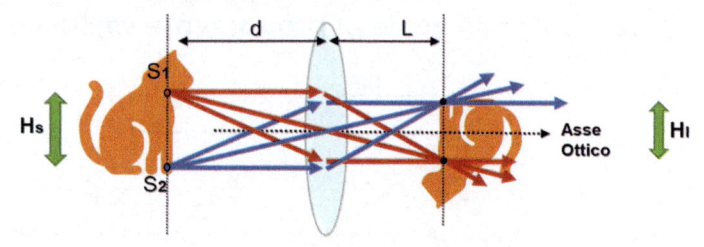

Figura 11: Concetto di Ingrandimento.

Semplifichiamo ora la figura lasciando solo i due raggi passanti per il centro della lente[11]:

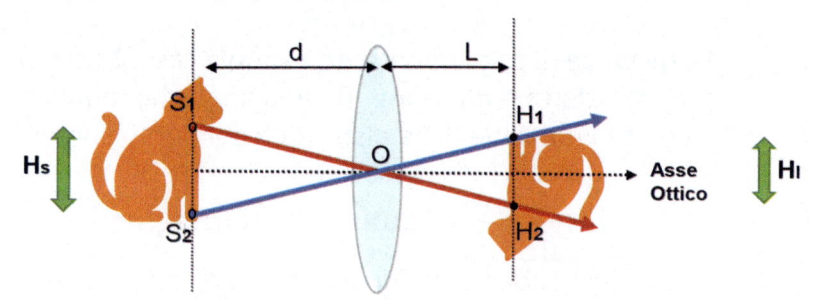

Figura 12: Concetto di Ingrandimento (diagramma semplificato).

Si definisce ingrandimento M (Magnification) rapporto tra H_I e H_S. Essendo i triangoli $\overline{S_1OS_2}$ e $\overline{H_1OH_2}$ simili, si ottiene:

$$M = \frac{H_I}{H_S} = -\frac{L}{d}$$

---

[11] Se la lente è sottile, dalla legge di Snell discende che tali raggi non subiscono deviazioni, e andranno dritti per dritti nel fuoco, in cui incontreranno gli altri raggi.

Si noti il segno "-": indica che l'immagine è capovolta (mentre il valore assoluto indica l'entità dell'ingrandimento). Si noti che, maggiore la distanza di convergenza L, più spazio hanno i raggi associati ai due diversi punti sorgente per allontanarsi prima di incidere sul sensore, e maggiore l'ingrandimento. Questo ci fa intuire che l'ingrandimento sia crescente con la focale della lente. Ma ora lo dimostriamo sostituendo nella precedente espressione l'equazione di imaging:

$$\boxed{M = \frac{H_I}{H_S} = -\frac{f}{d-f}} \approx -\frac{f}{d}$$

L'ultima uguaglianza vale se la distanza di sorgente d è molto maggiore della focale f della lente, come spesso accade nella fotografia di paesaggio, di architettura o di ritratto. In tal caso, fissata la distanza sorgente, se raddoppio la focale, raddoppio l'ingrandimento. E così via.

La possibilità di ingrandire un'immagine tramite lenti (**zoom ottico**) è un vantaggio enorme. Il nostro occhio (e i sensori) non possono cogliere l'informazione contenuta in dettagli arbitrariamente piccoli. Dettagli che vedremo dunque internamente uniformi in luminosità e colore. Ingrandire l'immagine significa espandere quei dettagli e permettere all'occhio o al sensore di coglierne le informazioni di luce e colore in essi contenuti.

Va notato poi che il valore di M non va commentato in senso assoluto. Se fotografate un oggetto a 1m di distanza con focale di 100mm, M varrà in valore assoluto -0.1. Ma **ciò che conta è quanto grande è l'immagine rispetto al sensore**. Se l'oggetto ha altezza 1m, apparirà nello scatto con dimensione 10cm, occupando più della metà di un sensore da 16 x 24cm: lo vedrete piuttosto grande.

- **Gli obiettivi fotografici non sono la lente sottile.** Vedrete a breve che contengono almeno 4-5 lenti, il che li rende enormemente più complicati da studiare rispetto alla lente sottile. Ma, c'è una bella notizia:

È possibile pensare un generico sistema di lenti come una singola lente sottile avente lunghezza focale equivalente data dalle focali delle singole lenti e dalle loro distanze reciproche [8].

L'equivalenza vale per il calcolo dell'ingrandimento (trascurando i fenomeni di distorsione, di cui si parlerà), dell'angolo di campo e di F (come si vedrà). Dunque, per gli obiettivi fotografici potete semplicemente leggerne la focale riportata su targa e pensarli come una lente sottile convergente fittizia avente quella focale se volete utilizzare le formule viste per la lente sottile. Si definisce **centro ottico** di un obiettivo il centro della lente sottile fittizia. Tale punto è determinato da come è costruito internamente l'obiettivo, e può trovarsi in principio ovunque (a monte della prima lente, tra le lenti o a valle dell'ultima lente). Anzi, il vantaggio enorme dei sistemi di lenti è proprio la possibilità di spostare il centro ottico in posizioni diverse dal centro geometrico di una singola lente sottile, come vedrete quando vi parlerò degli obiettivi fotografici. Se l'argomento vi piace, l'articolo [9] fornisce un metodo di calcolo della posizione del centro ottico di un obiettivo.

Impara a disegnare i raggi

Per ottenere un diagramma a raggi (lens ray tracing, cruciale per localizzare la posizione dell'immagine formata) come quelli che vi ho disegnato, data una lente di focale f, si seguano tali passaggi:

- Si disegni la lente con il fuoco F (a distanza f dal suo centro) sia a destra sia a sinistra. Si disegni anche l'asse geometrico della lente (in nero tratteggiato).
- Si tracci il raggio 1 originato dal punto sorgente e parallelo all'asse della lente. Tale raggio, per la definizione della focale f, viene deviato dalla lente di modo che incontri l'asse sul fuoco F posto dall'altro lato.
- Si tracci il raggio 2 proveniente dal punto sorgente, passante per il fuoco del lato sorgente. Tale raggio, per la reversibilità dei raggi ottici, diverrà parallelo all'asse dall'altro lato della lente.
- Infine si tracci il raggio 3, dritto e passante per il punto sorgente e per il centro della lente (assunzione valida solo per la lente sottile).

L'intersezione tra tali raggi definirà il punto immagine.

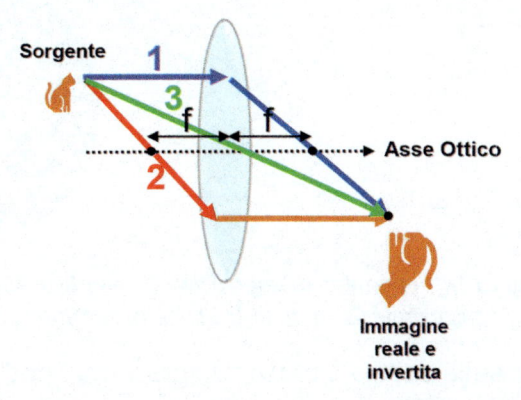

Figura 13: illustrazione della procedura di ray tracing [10].

La lente reale

Purtroppo le lenti reali differiscono dal comportamento ideale della lente che avete appena visto. Si chiamano **aberrazioni** le deviazioni (da tale comportamento auspicabile) tali da causare un fuori fuoco, e cioè (si vedrà) un calo di contrasto. Ecco i vari tipi di aberrazione:

Aberrazione Cromatica.
- Aspetto. Si manifesta con delle frange colorate e sfuocate in prossimità dei contorni bianco-nero di un'immagine.
- Causa fisica. Ciascun colore ha un indice di rifrazione diverso e dunque, in virtù della legge di Snell, verrà deviato diversamente rispetto agli altri colori (si pensi al prisma di Newton). Qualsiasi lente farà dunque convergere i raggi di diverso colore in fuochi diversi.
- Correzione. Viene limitata dai costruttori inserendo una lente compensatrice a diverso indice di rifrazione. Le frange colorate di residuo di aberrazione cromatica sono facilmente correggibili dal fotografo in post-produzione.

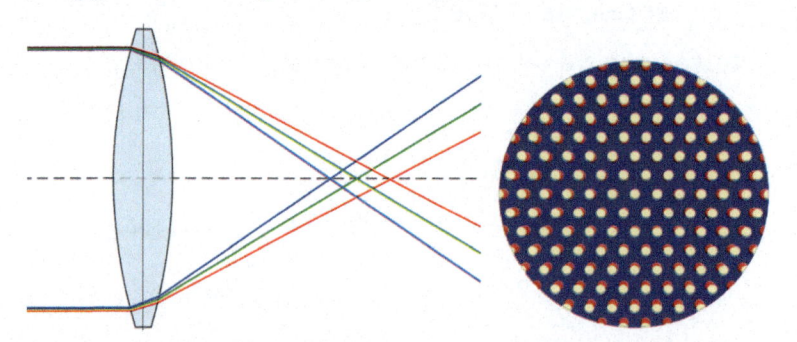

Figura 14: Fenomeno di aberrazione cromatica [19]. A sinistra la spiegazione fisica, a destra l'effetto sull'immagine finale.

Nota: la figura sulla destra è detta "Diagramma Spot", e rappresenta l'immagine acquisita da un sensore posto sul fuoco in corrispondenza di un pacchetto di raggi ottici in ingresso. Idealmente dovrebbe essere composto da singoli punti geometrici (non allargati), uno per ogni raggio in ingresso.

Aberrazione Sferica.
- Aspetto. Ha l'effetto di mostrare un'immagine a nitida sul punto messo a fuoco, ma via via fuori fuoco attorno.
- Causa fisica. Nel capitolo precedente, la lente sferica funzionava correttamente perché quelle equazioni derivano dall'assunzione di raggi parassiali (cioè molto vicini all'asse ottico). In realtà, però, la lente ideale, che fa convergere un fascio di raggi (rappresentante un generico fronte d'onda sferico) in ingresso in un singolo punto, non ha superfici sferiche. Bensì dovrebbero essere degli iperboloidi le cui espressioni si ottengono imponendo che la lente ritardi i singoli raggi in ingresso in modo tale che, all'uscita della lente, raggiungino lo stesso fuoco e nello stesso tempo. Tale lente trasforma un fronte sferico divergente emesso dalla sorgente in un fronte d'onda piano viaggiante dentro la lente, e quest'ultimo in un fronte d'onda sferico convergente. Ma una lente del genere, detta asferica, è piuttosto complessa da realizzare. Spesso, dunque, si realizza la lente con superfici sferiche, il che comporta che raggi lontani dall'asse ottico sono focalizzati a distanza diversa rispetto ai raggi centrali.

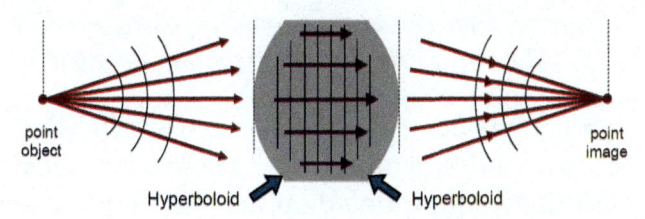

Figura 15: La lente ideale ha superfici descritte da iperboloidi [11].

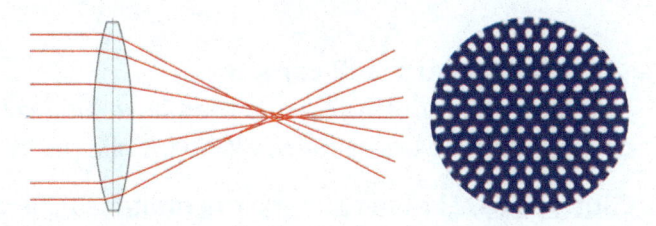

Figura 16: Fenomeno di aberrazione sferica [12]. A sinistra la spiegazione fisica, a destra l'effetto sull'immagine finale.

- Correzione. Viene limitata dai costruttori inserendo una lente compensatrice a diverso indice di rifrazione, costruendo una lente asferica.

Aberrazione A Cometa.
- Aspetto. Ha l'effetto di presentare una piccola scia attorno ai punti luminosi nell'immagine (di qui il nome "cometa").
- Causa fisica. Si presenta su qualsiasi lente, anche asferica a iperboloide, per le quali è garantita l'esistenza di un unico fuoco solamente se il fronte d'onda in ingresso non è tiltato rispetto all'asse ottico. È esattamente lo stesso effetto che ottenete se collocate l'illuminatore di un'antenna parabolica disallineato dall'asse della parabola.

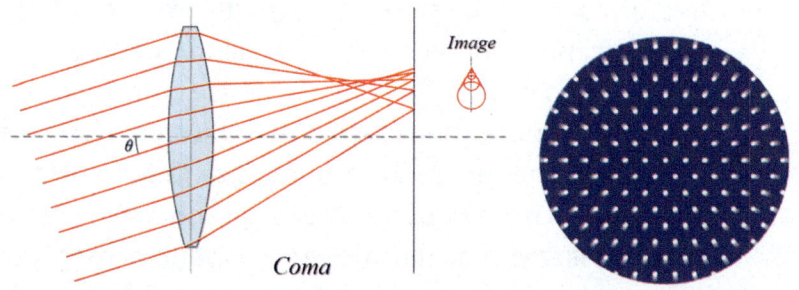

Figura 17: Fenomeno di aberrazione a cometa. A sinistra la spiegazione fisica [13], a destra l'effetto sull'immagine finale.

- Correzione. Viene limitata dai costruttori inserendo una lente compensatrice di modo che il sistema complessivo soddisfi la cosiddetta condizione di Abbe [14], la quale non può essere soddisfatta da una singola lente asferica di dimensione finita.

Aberrazione da Curvatura di campo.
- Aspetto. Si manifesta con una maggiore nitidezza al centro dell'immagine e una minore nitidezza alla periferia.
- Causa fisica. Si manifesta in concomitanza con l'aberrazione a cometa, ossia quando il fronte d'onda in ingresso è tiltato rispetto all'asse ottico. Però è considerato un fenomeno a

parte in quanto se poteste manenere la sola aberrazione a curvatura di campo notereste che il fuoco sarebbe sì unico (e non multiplo, come nell'aberrazione a cometa), ma semplicemente non si troverebbe sul piano del sensore. L'aberrazione a curvatura di campo consiste nel fatto che la posizione del fuoco dei raggi ottici dipende dall'angolo di tilt del fronte d'onda in ingresso. In altre parole, un piano sorgente in ingresso è mappato non in un piano di convergenza, come dice l'equazione di imaging in ottica parassiale, ma in una superficie curva (detta "di Petzeval", la cui forma dipende da materiale e geometria delle lenti, e può essere anche ondulata).

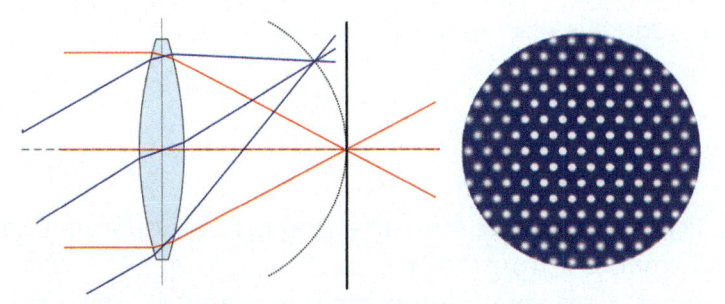

Figura 18: Fenomeno di curvatura di campo. A sinistra la spiegazione fisica [15], a destra l'effetto sull'immagine finale.

- <u>Correzione</u>. Viene limitata dai costruttori inserendo una lente compensatrice detta "spianatrice di campo". Oppure, in rari contesti non-fotografici, viene progettato un sensore curvilineo giacente sulla superficie di Petzval. Considerate che la superficie della retina è curva proprio per limitare questa distorsione.

Tutte queste aberrazioni contribuiscono allo stesso effetto, ossia un fuori fuoco (che vedrete che si traduce, insieme all'effetto della diffrazione dovuta al diaframma) in un calo di contrasto. Un fuori fuoco che, fisicamente, non è altro che una deformazione del fronte d'onda rispetto a quello ideale (sferico), come mostrato in figura. La forma del fronte d'onda aberrato dipende dall'entità delle singole aberrazioni presenti sul sistema di lenti in esame.

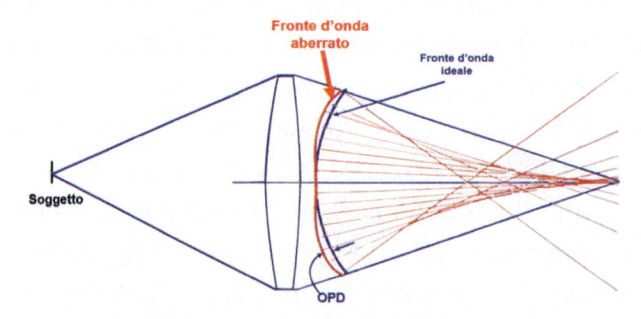

Figura 19: Fronte d'onda reale (aberrato) e ideale (sferico).

Si definisce errore RMS w_{RMS} sul fronte d'onda il valore qudaratico medio della superficie del fronte d'onda abberrato, calcolato sulla superficie di interesse (individuata dai raggi più periferici corrispondenti alle estremità fisiche della lente)

$$w_{RMS} = \frac{\iint W^2(x,y)\,dxdy}{\iint dxdy}$$

Esso indica <u>mediamente</u>, su tutte le direzioni, quanto si discosta quadraticamente il fronte d'onda aberrato da quello ideale. Potete calcolarlo, se avete solo un numero N discreto di raggi ottici, come valore RMS dell'OPD (Optical Path Difference, "differenza di cammino ottico") tra i due fronti d'onda per ogni raggio ($w_{RMS} = \sqrt{\sum OPD^2/N}$).

La presenza delle aberrazioni da correggere è uno dei motivi, oltre alla necessità di inserire un sistema di messa a fuoco, ottenere focali equivalenti alte o molto basse, ottenere la possibilità di zoomare, per cui un obiettivo commerciale è composto dal almeno 4 o 5 lenti.

Figura 20: tipica struttura interna di un obiettivo fotografico [16].

Elementi di Colorimetria

Se aprite un libro di fisica leggerete che i colori sono le singole lunghezze d'onda dello spettro visibile, e dunque sono specificati da un solo numero (appunto la lunghezza d'onda). Se usate qualsiasi programma di grafica leggerete che i colori sono specificati da terne di numeri. Vediamo di fare pace col cervello.

La Colorimetria definisce il colore come la percezione umana di un fascio luminoso (contenente una o più lunghezze d'onda distinte) che giunge dall'esterno attraverso i recettori della retina sensibili alla luce (coni e bastoncelli), che lo convertono in impulsi nervosi. Il motivo di questa definizione più generale è empirico: **la corrispondenza tra colore percepito e singola lunghezza d'onda non è 1 a 1**. Un oggetto perfettamente monocromatico, che in condizioni "normali" di illuminazione appaia ad esempio rosso, tenderà ad apparire all'occhio umano via via più scuro se la sua luminosità si riduce (pur rimanendo monocromatico).

Per questa ragione ci si è chiesti quali fossero le altre grandezze che, insieme certamente alla lunghezza d'onda, possano definire quantitativamente i colori con cui appaiono gli oggetti illuminati. È lo scopo dei modelli matematici di colore, tra cui spicca per l'intuitività il HSV (Hue, Saturation, Value). Un colore percepito è individuato da:

- **Tinta o Tonalità (Hue)**: è la percezione visiva di tutte le singole lunghezze d'onda dello spettro visibile. A ciascuna lunghezza d'onda, ossia Hue, è assegnato un valore angolare tra 0 e 360°. Le possibili tinte sono osservabili, come si è visto, guardando i colori visibili all'uscita di un prisma di vetro investito da luce bianca.

Come già detto la tinta indica come appare all'occhio umano la singola lunghezza d'onda per un fissato valore di luminosità, non indica come varia la sua percezione se la luminosità cambia.

- **Valore (Value)**: è un indice della luminosità di un oggetto. Può assumere i valori compresi tra 0 (luminanza nulla: è il caso di un oggetto immerso nel buio) e 1 (oggetto osservato in condizioni di luminosità "normale" assunta come riferimento). Più il suo valore tende a zero, più la sua tinta tenderà a scurirsi fino ad apparire nera quando il valore diviene zero.

Resta un'altra lacuna da colmare. Una singola lunghezza d'onda, se sporcata anche con una ridotta intensità di altre lunghezze d'onda, può cambiare molto il colore percepito, tendendo verso il grigio.

- **Saturazione (Saturation)**[12]: indica come un una sorgente di una certa tinta e di un certo valore di luminosità appare all'occhio umano se viene sporcata da una mistura di altre lunghezze d'onda. Alla saturazione è assegnato un numero compreso tra 0 (tendenza verso il grigio puro, che si riduce al bianco o al nero in corrispondenza rispettivamente di Value 1 e 0) e 1 (massima purezza spettrale della sorgente). La sua introduzione nel modello permette anche di definire matematicamente la *scala di grigi*, che corrisponde all'insieme dei colori aventi saturazione 0 e luminosità variabile.

Note, per un oggetto, la sua tinta (Hue), la sua luminanza (Value) e la sua percentuale di purezza (Saturation), risulta univocamente determinato il colore con cui esso appare. Tali grandezze definiscono un **sistema di riferimento a coordinate cilindriche**, come mostrato di seguito.

---

[12] Quando in post-produzione aumentate la saturazione di un'immagine, state incrementando proprio questo valore per i colori in essa contenuti. Leggermente diverso è l'aumento della vibranza, il quale agisce aumentando la saturazione unicamente dei colori poco saturi. L'obiettivo dell'algoritmo di incremento di vibranza è quello di aumentare il colorito di un'immagine senza strafare sui colori che già sono saturi.

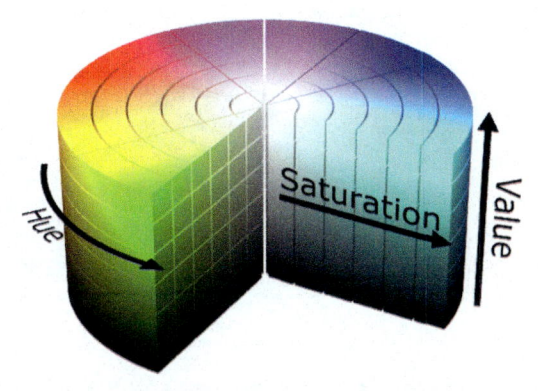

Figura 6: Modello di Colore HSV (Hue, Saturation, Value) [17].

La Colorimetria non si occupa unicamente di definire matematicamente i colori, ma anche di comprendere se (e come) è possibile ottenerli tutti tramite una miscela di un numero finito di colori, detti *colori primari* (ciascuno rappresentato da una terna di valori HSV). Era noto infatti che, ad esempio, la superficie di un oggetto potrà avere l'apparenza del giallo sia se tale oggetto, tra tutte le lunghezze d'onda che vi giungono dall'esterno (da luce del sole, lampade etc), riflette solo una lunghezza d'onda del giallo, sia se riflette più lunghezze d'onda opportune la cui combinazione formerà una tonalità gialla (ad esempio il verde e il blu).

Si considerino tutte le possibili tinte e le si visualizzi ancora in un cerchio come in Figura 7. È possibile rappresentarne un sottoinsieme esaustivo tramite opportuni profili, di cui i più comuni sono quello *RGB* (i cui colori primari sono Red, Green, Blue), che domina il mondo della grafica web e dei videoterminali, e quello *CMYK* (i cui colori primari sono Cyan, Magenta, Yellow, blacK[13]) che domina il mondo dei dispositivi di stampa più comuni. Il profilo RGB contiene molte più possibilità di colore rispetto al CMYK, e questo spiega la notevole differenza che si osserva tra un'immagine visualizzata su terminale ed una stampata.

---

[13] L'ultimo colore, il nero "puro", a rigore non sarebbe necessario, motivo per cui molte stampanti offrono la possibilità di stampare facendo a meno del nero. Tuttavia, viene utilizzato anche esso perché è il colore più utilizzato tra tutti e ha un costo minore se "puro" rispetto a se ottenuto combinando gli altri tre colori.

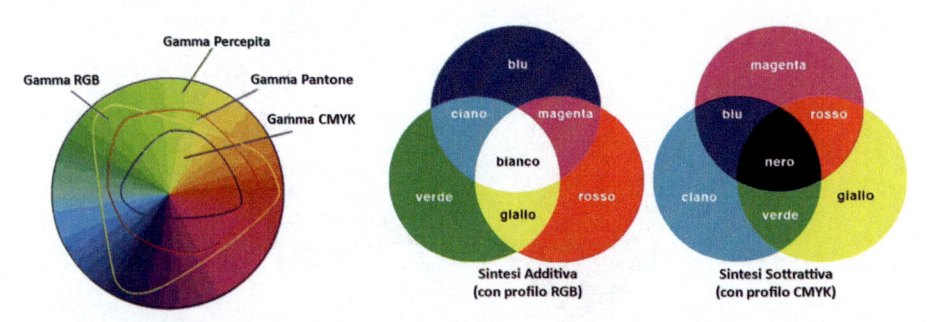

Figura 7: A sinistra, le gamme di colori rappresentabili dai più comuni profili. A destra, concetto di sintesi addititva RGB e sottrattiva CMYK.

Il motivo per cui in stampa il profilo RGB non è utilizzato sta nella sua natura di profilo di *sintesi additiva*: sommando la luce emessa da tre sorgenti di cui una rossa, una blu e una verde si può ottenere qualsiasi colore nella gamma RGB. In fase di stampa non esiste alcuna sorgente luminosa, ma si combinano dei materiali di diversi colori (inchiostri) tali che il materiale risultante rifletta un minor numero di lunghezze d'onda (i colori degli inchiostri di origine sono le lunghezze d'onda che il materiale assorbe). Tale tipologia di combinazione è detta *sintesi sottrattiva*[14]. Per stampe comuni, il profilo di colore più semplice da realizzare è il CMYK. In ambito grafico, una gamma di colori maggiore è ottenuta con i colori Pantone.

Un'ultima definizione. A ciascun valore di tonalità può essere associata una **temperatura di colore**, definita come il valore quel valore fisico di temperatura in **gradi Kelvin [K]**, che un corpo ideale dovrebbe avere per assumere quel colore. Il concetto è ben visualizzabile se si pensa ad un metallo scaldato con una fiamma, che diventerà prima rosso, poi giallo e poi biancastro. Partendo da una situazione di incandescenza (dai 1000K in su), **una temperatura bassa corrisponde ad un colore rosso-arancio, poi, salendo, la luce appare prima bianca, poi azzurrina e quindi blu**. Attenzione:

---

[14] Il lettore stia attento a non incartarsi con le due diverse modalità di combinazione di colore. Ad esempio il giallo è in sintesi additiva RGB dato dalla combinazione di luce rossa e luce verde. In sintesi sottrattiva CMYK il giallo è un colore primario.

spesso si dice che la prima è luce calda e la seconda luce fredda. Tale incomprensione è legata al fatto che la mente umana è abituata ad associare il calore al rosso del fuoco e il freddo al blu dell'oceano. Per evitare equivoci, in questo testo non si parlerà di luce calda e fredda, ma di **temperatura del rosso, del giallo, del blu** e così via.

Figura 21: Percezione delle diverse temperature di colore [18].

Capitolo 2: L'attrezzatura

Non è l'obiettivo a costruire uno scatto, come non lo è il corpo macchina e non lo è il fotografo. È l'insieme di tutto ciò a realizzare un'immagine visivamente gradevole. Comprendere a pieno l'intera attrezzatura fotografica è dunque cruciale, e non è sufficiente il lato creativo e artistico dell'utilizzatore. Vediamo se riesco, in questo capitolo, a farvene una panoramica.

I tipi di fotocamera digitale

È inutile che vi riporto tutti i tipi di fotocamera esistenti come fanno i manuali. Vediamo direttamente quelli che contano davvero:

> **DSLR** (Digital Single Lens Reflex). Il classicone. Le fotocamere più apprezzate dai professionisti e dagli amatori. Sono piuttosto ingombranti poiché includono una struttura (specchio e pentaprisma) che realizza un mirino ottico (quanto inquadrato dall'obiettivo coincide con quanto visibile dal mirino). Tali dispositivi si suddividono internamente in Entry Level, Semi-Professionali e Professionali.

Figura 22: DSLR [19].

Curiosità: il termine "Single" in DSLR denota la presenza di un solo obiettivo fotografico, incontrapposizione alle reflex biottiche (TLR, Twin Lens Reflex), che ne hanno uno per il mirino e uno per effettuare lo scatto.

- **Mirrorless o EVIL** (Electronic ViewFinder Interchangeable Lens). Sono delle fotocamere più piccole e leggere delle DSLR poiché dotate di mirino elettronico (cioè un display), anziché ottico. Come le DSLR, offrono all'utente la possibilità cruciale di utilizzare diverse lenti. Non le confondete con le compatte, che non ammettono lenti intercambiabili.

Figura 23: Mirrorless [20].

Oggigiorno le Mirrorless hanno preso il sopravvento per via delle loro ridotte dimensioni e delle loro maggiori funzionalità in ambito video. Alcune notevoli case produttrici hanno dichiarato, proprio quest'anno, che non produrranno più modelli DSLR. Tuttavia, le DSLR non sono ancora abbandonate. Il mercato, nuovo e usato, delle lenti, è tutt'ora alimentato quasi esclusivamente da esse. Soprattutto in ambito professionale. Tenete presente che le Mirrorless, a parità di sensore, possono costare anche il doppio o il triplo di una DSLR.

Il mio parere se dovete comprarvi una fotocamera nuova? Prendete una Mirrorless. Sono il futuro e hanno una sinergia con le nuove ottiche imparagonabile a quella delle reflex.

I componenti dell'apparato fotografico

La fotocamera più elementare può essere pensata come una scatola lightproof (opaca alla luce sulle pareti) contenente una o più **lenti** e un **sensore fotosensibile** (una pellicola o, nel caso digitale, un sensore CMOS o CCD). Oltre a ciò, la fotocamera deve disporre chiaramente di un'apertura regolabile (**diaframma**), allineata con le lenti, con lo scopo di dosare la quantità di luce che attraversa la lente, di un **pulsante** che permetta di regolare la durata dell'esposizione e di un **mirino** che consenta al fotografo di visualizzare lo scenario che viene impresso sul sensore. Studiamo nel dettaglio questi elementi.

L' Obiettivo

L'obiettivo è un sistema di lenti (tipicamente 4 o 5) finalizzato a far convergere i raggi emessi dall'immagine sul sensore presente nel corpo macchina in maniera identica a come visto per la lente sottile.

Gli obiettivi possono suddividersi, in base alla loro struttura, in:

- **Fissi**, se ammettono un solo valore di lunghezza focale (e.g. 50mm). Sono obiettivi tipicamente economici e di incredibile qualità, per via della loro minore semplicità costruttiva, sebbene siano anch'essi composti da più lenti per la correzione delle aberrazioni e per la messa a fuoco.

- **Zoom**, se permettono all'utente di variare, in un certo range (e.g. da 18 a 105mm) la propria focale. Ciò si traduce nella possibilità di variare l'ingrandimento $M \approx f/D$ in tempo reale, consentendo al fotografo di utilizzarli in un'ampia gamma di scenari distinti, con lo svantaggio di ottenere una qualità ottica inferiore a parità di costo. Dato un obiettivo capace di passare da una focale f_{min} ad una f_{max}, si definisce il suo *zoom ottico* come il rapporto tra gli ingrandimenti minimi e massimi che può effettuare, pari circa a f_{max} / f_{min} (dunque un obiettivo 18-105 si dirà avere uno zoom ottico di 105/18 = 5.83x).

Un obiettivo zoom include internamente un sistema di lenti ordinario, volto a far globalmente convergere i raggi ottici, con in cascata un **sistema afocale**, ossia tale da non far convergere né divergere i raggi al proprio ingresso (a raggi paralleli in ingresso corrispondono raggi paralleli in uscita).

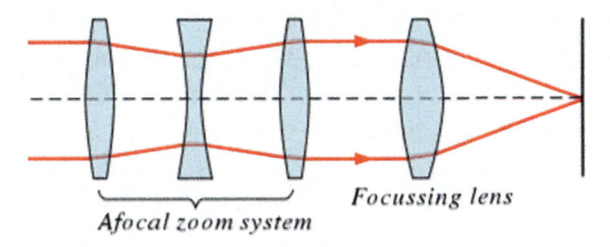

Figura 24: Obiettivo Zoom [21].

La terza lente del sistema afocale è mantenuta fissa, mentre le prime due possono essere spostate tramite il meccanismo esterno di ghiera dell'obiettivo zoom.

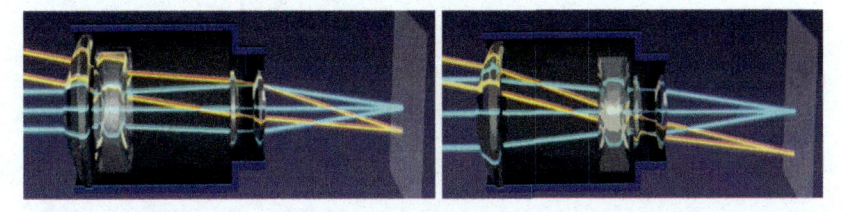

Figura 25: A sinistra, posizioni limite per le lenti del sistema afocale [22].

Il principio di funzionamento è che, a livello matematico, la lente sottile equivalente ad un sistema di lenti ha lunghezza focale dipendente da quella delle singole lenti e dalle loro distanze reciproche. Variare queste ultime implica variare la focale equivalente, e dunque lo l'ingrandimento. Si noti che esistono due tipi di obiettivi zoom. I **parafocali**, in cui la messa a fuoco su un punto di interesse viene mantenuta quando si esegue la zoomata, e **varifocali**, in cui la messa a fuoco si perde. I primi, più costosi, sono naturalmente migliori poiché consentono al fotografo di adottare una messa a fuoco più accurata alla massima lunghezza focale, per poi zoomare indietro ad una lunghezza focale più breve per eseguire lo scatto.

Una classificazione degli obiettivi altrettanto utili è quella in base alla propria lunghezza focale, che corrisponde ad un preciso valore di angolo di campo (**AOV**, Angle of View), quest'ultimo definito come la porzione angolare dello scenario inquadrato che verrà catturato dal sensore fotografico. L'AOV può essere inteso in orizzontale, in verticale o in diagonale, per cui è sempre bene specificare.

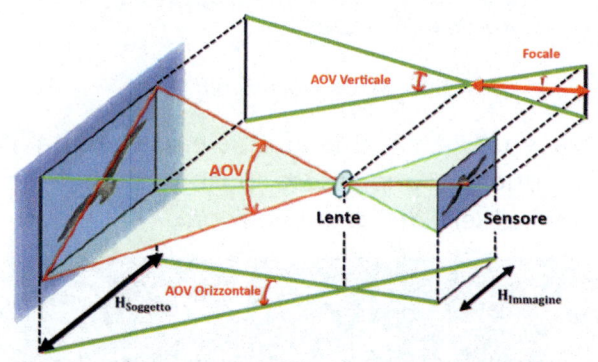

Figura 26: Concetto di angolo di campo (AOV) [23]

Prendendo la dimensione orizzontale, vale la **relazione cruciale**[15]:

$$H_{Immagine} = 2f \cdot \tan(AOV_{Orizzontale}/2)$$

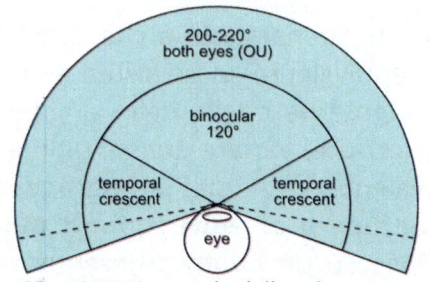

Figura 27: AOV orizzontale dell'occhio umano [24].

L'angolo di campo è definito anche per l'occhio umano, come si osserva dalla figura precedente per il caso orizzontale.

---

[15] Data una lente a focale f (dunque ingrandimento $M \approx f/d$ per $d \gg f$), si ha $H_{Immagine} = H_{Soggetto} \cdot f/d = 2f \cdot (H_{Soggetto}/2)/d = 2f \cdot \tan(AOV_{Orizzontale}/2)$

Come si può notare, con entrambi gli occhi possiamo osservare circa 120°. Tuttavia, la visione centrale su cui riusciamo a concentrarci in un istante è di circa 55°. Tale valore è preso come riferimento per classificare gli obiettivi fotografici. Con riferimento ad un sensore FF (capirete nel paragrafo Il Sensore) da 36mm x 24mm, un obiettivo si definisce:

- **Fisheye**, se ha un AOV orizzontale maggiore di 180°. Li vediamo dopo perché sono un caso a se stante.

- **Grandangolare**, se ha un angolo di campo orizzontale maggiore di 55° (ma minore di 180°), il che corrisponde ad una lunghezza focale minore di 35mm[16]. Sono adatti a inquadrare **ampi panorami e architetture**, e non sono adatti a ritratti convenzionali poiché alterano la prospettiva. Sono **piccoli e molto costosi** (>600€) poichè sono realizzati tramite un sistema di lenti (retrofocus) molto articolato.

- **Normale**, se hanno una lunghezza focale tra i 35mm e i 50mm, e offrono dunque un angolo di campo che varia tra quello della visione binoculare (55°) e monoculare (40°). **Spesso se ne trovano economici** (sotto i 200€), **di ottima qualità e molto compatti** (in tal caso si parla di "lenti pancake") poichè possono essere realizzati con molte meno lenti rispetto ai grandangoli e ai teleobiettivi.

- **Teleobiettivo**, se hanno una lunghezza focale superiore 50mm, offrendo dunque un AOV orizzontale inferiore di 40°. Sono adatti alla **fotografia naturalistica** (tipicamente da almeno 300mm di focale) e ai **ritratti** (75-110mm). Possono essere **molto costosi**, nonostante siano più semplici da realizzare rispetto ai grandangoli, per via dell'elevata dimensione richiesta per le lenti al fine di realizzare un numero F utilizzabile (e.g. per garantire un valore F2.8 serve un diametro fisico della lente pari a circa 1/3 della focale).

---

[16] Per riempire un sensore largo 36 mm con un soggetto avente $AOV_{Orizzontale} = 55°$ serve una lente di focale di f = 36mm / 2tan (55°/2) ≈ 35mm.

La figura che segue illustra visivamente i diversi angoli di campo su sensore da 35mm corrispondenti alle lunghezze focali più comuni per gli obiettivi. Il genere fotografico in cui deciderete di specializzarvi sarà cruciale per la scelta della corretta focale. Se siete alle prime armi una scelta tipica è quella di un obiettivo economico a focale variabile (il cosiddetto "tuttofare" come un 18-105mm) così da farvi provare tutte le focali senza spendere troppo. Una volta acquisite le competenze fotografiche di base, vi consiglio di comprarvi solo lenti a focale fissa (e.g. un 50mm e un 14mm) in base a ciò che vi interessa, che vi offriranno una qualità e una nitidezza nettamente superiori.

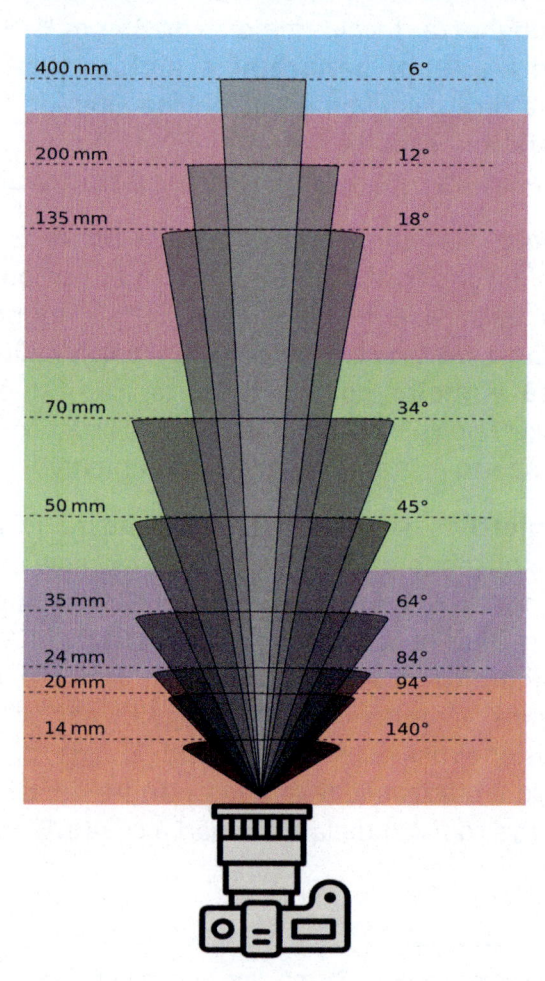

Figura 8: AOV e lunghezza focale su sensore da 35mm [25].

Figura 28: Sopra, scatto eseguito con lente grandangolare (18mm) a Cesenatico. Sotto, scatto eseguito con teleobiettivo (450mm), ritagliato.

Come è fatto un teleobiettivo

Per utilizzare una semplice lente sottile ad elevata focale il sensore d'immagine dovrebbe stare parecchio dietro la lente, il che realizzerebbe un obiettivo molto lungo. Utilizzare un sistema di lenti permette di realizzare **obiettivi molto più corti della propria lunghezza focale equivalente**. Il centro ottico di una singola lente sottile giace all'interno della lente. L'idea del teleobiettivo è quella di spostarlo a monte della sua prima lente. In questo modo si potrà avere un'elevata focale (i.e. distanza di convergenza dal centro ottico quando i raggi vengono dall'infinito) senza dover costruire un obiettivo troppo lungo.

Un **primo metodo** consiste nell'inserire, oltre alla ordinaria lente convergente, una lente divergente a diverso indice di rifrazione, che rallenti l'effetto convergente della prima, separando un poco i raggi ottici, disegnati in blu. Al fuoco appariranno dei raggi fittizi (tratteggiati) fatti convergere da una lente molto più vicina al soggetto (ubicata sul piano HH'[17]) e con focale molto maggiore della lunghezza fisica dell'obiettivo (data semplicemente dal gruppo di lenti in esso contenuto). Si noti che sul piano DD' è ubicato il diaframma.

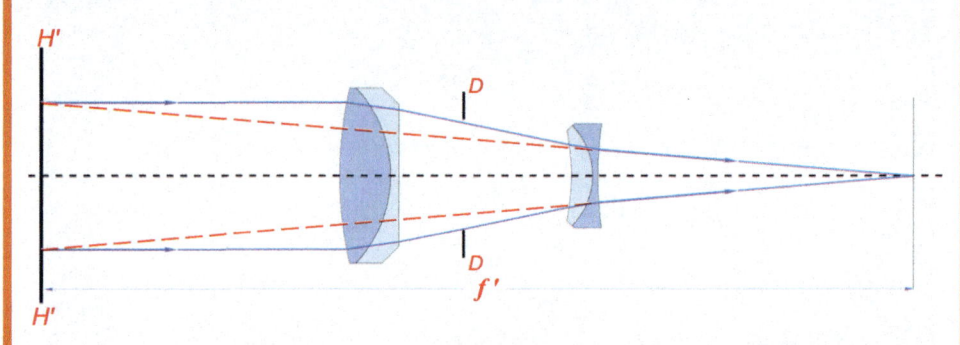

Figura 29 Teleobiettivo con lente convergente + divergente [26].

---

[17] La lente sottile equivalente (e dunque il centro ottico dell'obiettivo) si trova su tale piano poichè esso corrisponde al passaggio dei raggi focali equivalenti (tratteggiati in rosso) da paralleli a convergenti. Si noti che i due sistemi ottici considerati sono equivalente perchè i corrispondenti raggi (tratteggiati rossi e continui blu) si sovrappongono nel tratto di aria che giunge sul sensore, che dunque non vede alcuna differenza tra i due sistemi in termini di imaging.

Come è fatto un grandangolo

Il grandangolo nasce dall'esigenza di avere un elevato angolo di campo per la fotografia di architettura e di paesaggio. Ciò si potrebbe in teoria ottenere con una singola lente sottile a focale molto bassa (e.g. 14mm per un AOV su 35mm pari a 114°). Ma insorge un problema. La distanza sensore-flangia dell'obiettivo per molte mirrorless varia tra i 15 e i 20mm, e per molte reflex può superare anche i 45mm per via dell'ingombro aggiuntivo dato dallo specchio. Una lente sottile da 14mm non potrebbe mai mettere a fuoco su un sensore così distante!

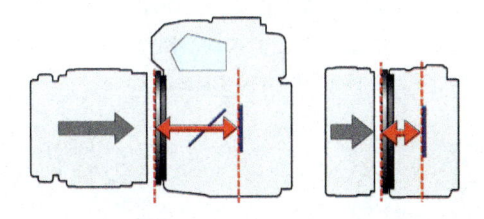

Figura 9: Distanza Flangia-Sensore su Reflex (a sinistra) e su Mirrorless (a destra).

Risulta dunque necessario realizzare un AOV grande (cioè focale equivalente piccola) su **un obiettivo fisicamente lungo, più lungo della propria lunghezza focale**. Al fuoco sembrerà che vi sia una lente singola sottile posta dietro l'ultima lente dell'obiettivo fisico. Tale schema è detto "Retrofocus" ed è in generale molto costoso.

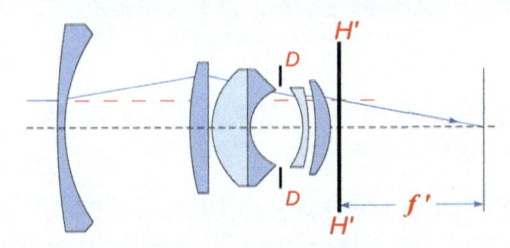

Figura 10: Retrofocus [27].

Si noti che nello schema a retrofocus la lente anteriore è "a menisco divergente ", ossia ha la faccia esterna convessa e la faccia interna concava, con un comportamento complessivo divergente per il minor raggio di curvatura della faccia interna.

Prospettiva, Distorsione, Fisheye

Si definisce **prospettiva** la proiezione lineare di un oggetto tridimensionale (il soggetto) su un piano. È esattamente l'operazione che compie La lente perfetta, che segue l'equazione:

$$H_{Immagine} = H_{Soggetto} \cdot f/d$$

che ci dice che più il soggetto è lontano (d grande), più ci apparirà piccolo ($H_{Soggetto}$ scende). Lo potete facilmente verificare ponendo un oggetto vicinissimo ai vostri occhi: lo vedrete enorme rispetto agli oggetti più lontani. E questo accade per qualsiasi scostamento il soggetto abbia dall'asse ottico. Il che significa che una linea retta nella realtà, rimane retta nell'immagine.

Figura 30: La prospettiva [28].

Riscriviamo l'equazione precedente in $H_{Immagine} = 2f \cdot \tan(AOV/2)$. Ci servirà più avanti per capire il Fisheye.

Realizzare un'obiettivo che esegua tale operazione di proiezione è auspicabile (fa eccezione la lente Fisheye) in quanto è l'operazione eseguita dal nostro occhio (le cui distorsioni esistono ma vengono corrette dal sistema nervoso). Si definisce **distorsione ottica** qualsiasi tipo di deviazione di un obiettivo dall'equazione della prospettiva. Criticità di progetto e costruttive fanno spesso sì che l'ingrandimento M, anziché essere semplicemente funzione della focale e della distanza dal soggetto, dipende anche dallo scostamento del soggetto dall'asse ottico.

Si tratta di un **difetto**, che comporta che gli elementi al centro della scena sono più grandi di quelli alla periferia (distorsione **a barile**) o viceversa (distorsione **a cuscino**), che comporta **un'alterazione della prospettiva cui siamo abituati**. Si noti che non si tratta di un'aberrazione (gli elementi distorti possono essere tranquillamente perfettamente a fuoco).

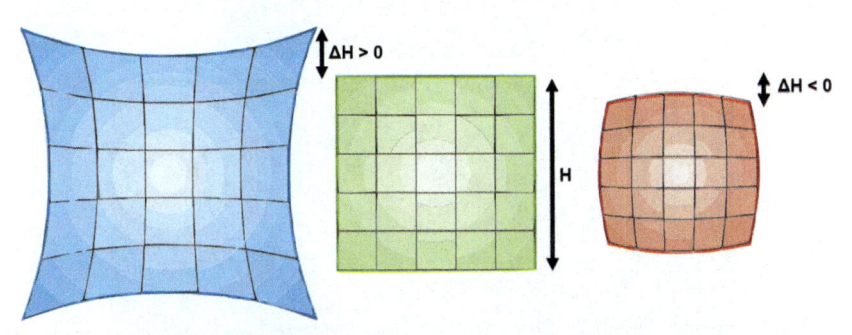

Figura 31: Distorsione a cuscino (a sinistra), a barile (a destra) e assenza di distorsione (al centro) [29, p. 3].

La distorsione è quantificata dalla percentuale $\Delta H/H$ calcolata come in figura. Se volete acquistare una lente che non dia luogo a distorsione osservabile, cercatela con valori < 5%. Considerate che comunque la distorsione è **correggibile in post produzione con elevatissima precisione**. Molti obiettivi grandagolari soffrono di distorsione a barile (mentre alcuni teleobiettivi soffrono di distorsione a cuscino, e qualche lente zoom soffre di entrambe alle rispettive focali). Ma non è (solo) questo il motivo per cui i grandangoli non sono adatti ai ritratti, come invece dice qualcuno.

Chiaramente la distorsione a barile non è piacevole in un ritratto. Ma anche se la correggete, come in figura che segue in basso, o se scegliete un grandangolo che non ne è affetto, nel caso di un ritratto sarà l'equazione della prospettiva (l'essere troppo vicini al soggetto) a rendervelo inadatti, come già spiegato.

Figura 32: Sopra, immagine con distorsione a barile. Sotto, l'immagine dopo correzione in post produzione [30]. In ambo i casi l'AOV è grandangolare. Non serve per forza distorsione per avere un grandangolo.

Diverso ancora è il discorso dei **Fisheye**. Dal punto di vista costruttivo sono progettati con uno schema simile al retrofocus dei grandangoli, dal momento che devono implementare anch'essi lunghezze focali piccole su obiettivi fisicamente lunghi.

Ma c'è una differenza concettuale. Lo scopo dei grandangoli è quello di avere un AOV elevato, utile per l'architettura e i paesaggi, senza distorcere la realtà. Seguendo cioè il più possibile l'equazione della prospettiva $H_{Immagine} = 2f \cdot \tan(AOV/2)$. Tale equazione ci dice anche che non è possibile mappare un AOV pari a superiore a 180° su una superficie piana ($\tan(90°) \rightarrow \infty$, il che significa che non esiste alcun valore non nullo di focale f che permetta di mappare un AOV del genere su un sensore di dimensione finita). Intuitivamente significa che per far entrare su un rettangolino finito un'angolo di campo di 180° occorrerebbe deformare l'immagine incurvando le sue linee.

Ed è qui che entra in gioco il Fisheye. È anche detto "curvilinear lens" e fa uso di una **distorsione a barile volontaria** per superare questo limite. È tutta un'altra storia rispetto al grandangolo, dove la distorsione è un difetto da minimizzare. E viene utilizzato dai fotografi qualora la loro intenzione sia creare scatti creativi con una prospettiva diversa da quella dell'occhio umano. L'equazione di distorsione volontaria del Fisheye dipende dal risultato che si vuole ottenere. Un esempio comune è: $H_{Immagine} = 2f \cdot \sin(AOV/2)$. Scelti l'AOV, la dimensione del sensore e la funzione di distorsione, risulta determinata la focale del Fisheye da progettare (variabile tipicamente da 8 a 16mm).

Figura 11: A sinistra, foto scattata con lente Fisheye. A destra, lente Fisheye.

Si noti che gli obiettivi fisheye (ma anche i grandangoli estremi) hanno necessariamente una curvatura della lente frontale molto sporgente, come mostrato a destra nella precedente figura. Se non sporgesse dal barilotto, i bordi di quest'ultimo apparirebbero nello scatto per via dell'elevato angolo di campo. Tutti gli obiettivi, anche i tele, hanno la lente anteriore con la faccia esterna convessa, ma su di essi la lente frontale non viene fatta sporgere dal barilotto di modo da dare al fotografo la possibilità di applicare dei filtri esterni davanti, e anche per garantirne una protezione da urti.

Zoomare e Avvicinarsi

Dall'equazione della prospettiva si nota che uno stesso soggetto viene ingrandito allo stesso modo se si utilizza una focale f a distanza d, piuttosto che metà focale a distanza maggiore. Questo è vero, ma attenzione che **zoomare e avvicinarsi danno luogo ad una composizione fotografica diversa**. Supponiamo di fare una macro con lente zoomabile ad una sferetta posta al centro a 50cm da voi. Poi, 50cm dietro la sfera vi sono altre sfere di sfondo, che distano dunque 100cm dalla fotocamera. Eseguite uno scatto così. Verrà come quello di sinistra [31], in cui vedrete una distanza tra la sferetta centrale e quella di sfondo relativamente piccola. Adesso, avvicinatevi fino ad arrivare a 20cm dalla sferetta e riducete la focale così da avere lo stesso ingrandimento di prima per la sfera centrale. Adesso le sfere di sfondo saranno a 70cm da voi. In questo scatto, mostrato a destra, la distanza sfondo - soggetto sarà molto più amplificata. **Avvicinarsi cambia le proporzioni delle distanze degli oggetti rispetto all'osservatore** (l'occhio o l'obiettivo).

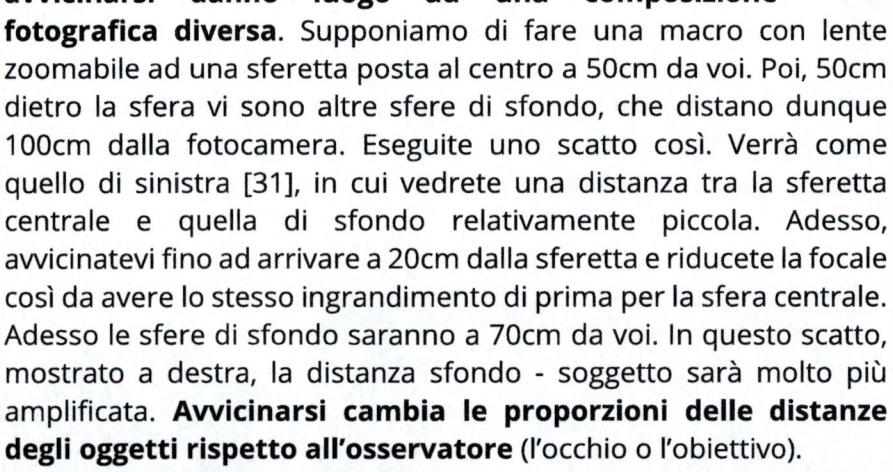

Soggetto lontano, focale alta.   Soggetto vicino, focale bassa.

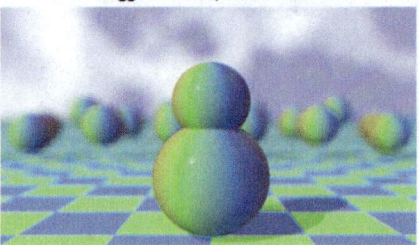

È questa la ragione per cui si dice che i teleobiettivi appiattiscono l'immagine (rispetto ad un obiettivo a focale normale). Non perché diano luogo a chissà che deformazione, ma perché ci si scatta da più lontano. Ed è questa ragione per cui, **i grandangoli non sono adatti ai ritratti convenzionali (frontali)**: faranno apparire naso, mento e fronte molto più grandi rispetto al resto del corpo. **Ma sono adatti a ritratti non convenzionali**, ad esempio per far sembrare una persona più alta di quanto è realmente: il fotografo si posiziona in basso, inquadrando il soggetto verso l'alto. Le gambe verranno ingigantite di più del resto del corpo poiché più vicine alla lente.

Il cerchio di proiezione

Gli obiettivi fotografici convenzionali, siano essi dotati di lenti sferiche o asferiche, hanno tutti forma cilindrica, cioè a sezione trasversale circolare. Tale scelta è dovuta alla sua maggior semplicità costruttiva e maggior trasmittanza (Il cerchio è il poligono con la massima area a parità di perimetro). Il troncamento circolare delle lenti comporta un fenomeno di vignettatura (calo dell'esposizione sul piano del sensore man mano che ci si muove dall'asse ottico verso la periferia) dovuta al fatto che alcuni raggi provenienti da sorgenti lontani dall'asse ottico vengono bloccati dai bordi dell'obiettivo.

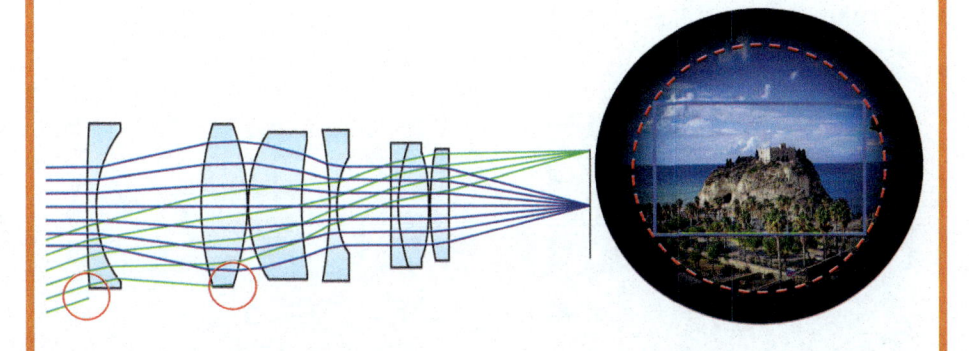

Figura 12: Sopra, alcuni raggi ottici (verdi) associati ad una sorgente luminosa periferica vengono bloccati dai bordi dell'obiettivo [32]. Sotto, fenomeno di vignettatura dell'immagine con evidenziato in rosso il cerchio di proiezione, e in blu la sua porzione catturata dal sensore rettangolare.

Il calo di esposizione verso la periferia è graduale, ma è utile definire (in modo piuttosto arbitrario) un cerchio, detto "di proiezione" o di "corretta illuminazione" in cui si può ritenere l'esposizione dell'immagine approssimativamente uniforme. Quando si progetta un'obiettivo si deve aver cura di garantire che tale cerchio sia più grande della dimensione del sensore che ne cattura l'immagine, al fine di evitare uno sgradevole effetto vignettatura.

Il paraluce

Consideriamo un obiettivo che genera un certo cerchio di proiezione e un sensore che ne cattura una regione acquisendo l'immagine di un certo angolo di campo. Idealmente, tutti i raggi luminosi che provengono da fuori tale angolo di campo, non dovrebbero impattare sull'immagine scattata poichè vengono mappati fuori dall'area acquisita dal sensore. Ciò è vero nell'ipotesi di obiettivo con lenti interne prive di riflessioni. Nonostante esse siano ricoperte da rivestimenti anti-riflettenti, in presenza di raggi molto intensi (come quelli del sole) che entrano lateralmente nell'obiettivo si può creare un fastidioso bagliore nell'area acquisita del sensore ("lens flare") difficile da correggere in post-produzione.

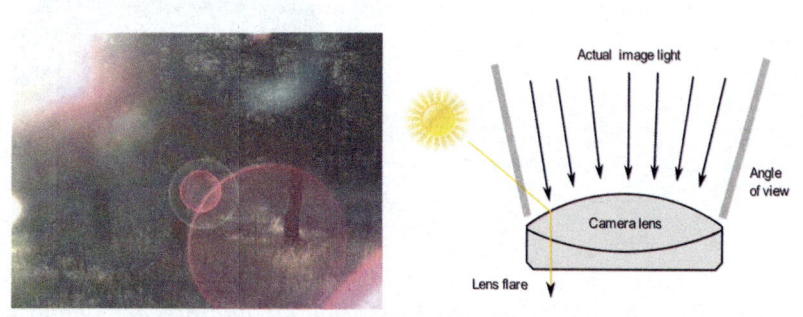

Figura 13: A sinistra, Lens Flare [33]. A destra, funzionamento del paraluce.

Tale problema viene risolto tramite l'impiego di un paraluce (dalla forma cilindrica o a petali[18]) il cui scopo è bloccare unicamente i raggi provenienti dalle direzioni al di fuori dell'angolo di campo.

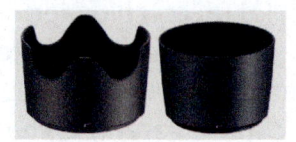

Figura 14: Paraluce a petali e circolare.

---

[18] Il secondo è migliore perchè tiene conto dell'aspect ratio del sensore fotografico, e dunque della diversità degli angoli di campo orizzontale e verticale.

Le lenti Macro

Se provate ad avvicinarvi molto ad un oggetto piccolo sperando di ingrandirlo parecchio, noterete che al di sotto di una certa distanza [m], detta **MFD (Minimum Focusing Distance)**, non riuscirete più a mettere a fuoco. Ciò accade perché la messa a fuoco, sia essa manuale o automatica, si realizza tramite un movimento del centro ottico dell'obiettivo rispetto al sensore. Tale movimento è meccanicamente limitato e, negli obiettivi non-macro, è ottimizzato per mettere a fuoco da vicino fino all'infinito, e non vicinissimo.

Si definisce **Obiettivo Macro** un obiettivo fotografico capace di mettere a fuoco un soggetto talmente vicino da ottenere un ingrandimento M (nel gergo macro detto "Reproduction Ratio") unitario. Ciò significa che se si fotografa un oggetto di 2.5cm, la dimensione con cui apparirà sul sensore sarà anch'essa di 2.5cm. Quell'oggetto, fisicamente piccolino, occuperà una parte rilevante su una dimensione del sensore (più del 10% per un sensore FF da 24cm di altezza) e risulterà dunque **molto ingrandito**. Qualsiasi lente macro è venduta con la proprietà di garantire questa prestazione, **a prescindere dalla propria lunghezza focale**[19] (tipicamente variabile da 50mm a 200mm). Tuttavia, maggiore il suo valore, maggiore la distanza (detta "distanza di lavoro") che il fotografo può mantenere dal soggetto per ottenere l'ingrandimento unitario[20]. Avere una distanza di lavoro più alta ha una serie di vantaggi (evitate di oscurare il soggetto bloccandogli l'illuminazione esterna, poi se il soggetto è un insetto potete evitare di disturbarlo in modo invasivo etc), con lo svantaggio di avere tipicamente valori minimi di Numero F più alti. Mi sento di consigliare una focale tipica di 90-100mm. Molte lenti macro sono fisse per contenerne il costo a parità di qualità.

---

[19] La lente macro, a differenza del teleobiettivo, non pretende di ingrandire grazie ad un'elevata focale, ma per la sua capacità di farti avvicinare al soggetto.
[20] Dato l'ingrandimento $M = -f/(d - f)$, che stavolta non si può approssimare a f/d perché si è molto vicini al soggetto, esso è pari ad 1 se $d = 2f$.

Il fuoco manuale

Il sistema di messa a fuoco permette al fotografo di configurare l'obiettivo di modo che il soggetto di interesse sia a fuoco (si ricordi che, idealmente, una lente mette a fuoco un unico piano davanti a sé, a meno di un piccolo intorno avanti – indietro detto profondità di campo e di cui si parlerà nel paragrafo Il Diaframma).

La regolazione della messa a fuoco, che avviene tramite l'apposita ghiera circolare attorno all'obiettivo, consiste in uno spostamento avanti indietro (rispetto al sensore della fotocamera, che è fisso[21]) dell'intero sistema di lenti (**block focusing**) o di una singola lente del dell'obiettivo (**internal focusing**). Il primo metodo è facilmente intuibile se si considera l'equazione di imaging per la lente sottile equivalente. Il secondo è più sofisticato.

Block Focusing   **Internal Focusing**

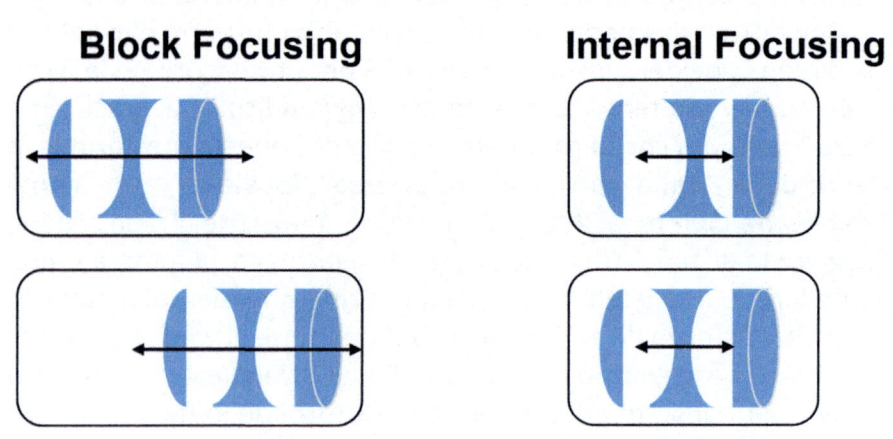

Figura 33: Block Focusing e Internal Focusing.

---

[21] Esistono dei rari modelli di fotocamere a film che erano in grado di muovere il piano della pellicola per mettere a fuoco. Uno tra tutti: Contax AX film SLR.

Il block focusing, utilizzato nelle lenti più datate, ha lo svantaggio di dover variare la lunghezza fisica dell'obiettivo durante la messa a fuoco. Ha invece il vantaggio di non alterarne la lunghezza focale e dunque l'ingrandimento. L'internal focusing, invece, non comporta una variazione della lunghezza fisica dell'obiettivo[22] ma, variando le distanze reciproche tra le sue lenti interne, comporta necessariamente una variazione della focale equivalente.

Quasi tutte le lenti moderne adottano l'internal focusing in quanto:

- Il sistema di lenti è generalmente progettato per contenere il cambiamento di focale entro certi limiti, spesso non percettibili, specialmente in obiettivi a focale lunga.

- Muovere la singola lente è più rapido di muovere l'intero blocco di lenti. Ciò rende il sistema di Autofocus estremamente più rapido ed efficiente.

L'AutoFocus

L'AutoFocus (AF) è un sistema facente parte del corpo macchina (ma che deve essere supportato ovviamente dall'obiettivo) che effettua la messa a fuoco su un punto di immagine, selezionato dal fotografo, in maniera totalmente automatica. La messa a fuoco avviene sempre con i meccanismi di block o internal focusing già visti, con la differenza che è presente un motore interno all'obiettivo, comandato dalla fotocamera, ad eseguire il movimento al posto vostro.

I moderni sistemi di AutoFocus sono estremamente **precisi ed efficienti** in condizioni di buona luminosità, e pertanto **ne suggerisco l'utilizzo nella maggior parte delle situazioni di scatto, soprattutto in presenza di soggetto in movimento** per via della maggior rapidità e risparmio di tempo che garantisce al fotografo. Risulta cruciale però **adottare il fuoco manuale** laddove:

---

[22] A meno che a muoversi non siano la lente anteriore o posteriore, il che avvolte avviene. In ogni caso la corsa meccanica è sempre minore che nel block focusing.

- si stia effettuando uno scatto a profondità di campo estremamente bassa e in cui si richiede il fuoco specifico su una precisa parte del soggetto (e.g. durante una **macro**).
- l'autofocus non parta o risulti impreciso, come in presenza di poca luce[23] (e.g. in **fotografia astronomica**) o di poco contrasto del soggetto.

Le DLSR e le Mirrorles usano un sistema AF passivo, che effettua cioè una misura di ciò che è presente all'esterno, e può essere di due tipi:

1. **AutoFocus a Rilevamento di Contrasto**, utilizzato nelle Mirrorless, ma anche nelle DSLR quando utilizzate in Live View. Come vedrete più avanti, un'immagine ha contrasto luce - buio massimo quando è a fuoco. Il meccanismo cerca la posizione del sensore che massimizza il contrasto, dove quest'ultimo è calcolato come differenza tra le luminosità misurate tra i pixel adiacenti nella zona su cui il fotografo ha puntato per la messa a fuoco.

2. **AutoFocus a Rilevamento di Fase**, utilizzato nelle DSLR quando guardate dal mirino. I raggi luminosi in ingresso, una volta superate le lenti, vengono inviati da uno specchio secondario (AF Mirror) verso due piccoli sensori CCD aggiuntivi in modo che uno catturi l'immagine dei raggi uscenti dalla metà sinistra della lente, e l'altro dalla metà destra. Le due immagini saranno in generale traslate una rispetto all'altra, ma esiste uno scostamento (offset) specifico, dipendente da come sono posizionati i sensori AF, cui corrisponde il fuoco sul sensore principale. Comparando le due immagini la fotocamera potrà comandare lo spostamento delle lenti per mettere a fuoco.

---

[23] È questo il motivo per cui le fotocamere attivano una luce di supporto (illuminatore AF) quando cercate di mettere a fuoco.

Il primo meccanismo ha il vantaggio essere estremamente semplice e di permettere alla fotocamera di valutare la messa a fuoco della zona di immagine di interesse con la precisione del pixel del sensore. Inoltre, una fotocamera che lo possiede può fornire al fotografo un numero potenzialmente illimitato di punti di messa a fuoco sull'inquadratura (mentre il secondo sistema ha bisogno di due sensori fisici per ogni punto di messa a fuoco richiesto). Ma ha lo svantaggio di essere più lento ad effettuare la misura di contrasto, e dunque risulta meno adatto per fotografare soggetti in movimento.

In ambo i casi, il sistema segue un **flusso logico a retroazione**:

1. La fotocamera effettua la sua misura sulla zona di immagine da mettere a fuoco, e calcola quanto dovrebbero essere spostate teoricamente le lenti per mettere a fuoco.

2. La fotocamera comanda lo spostamento delle lenti fornendogli l'entità e la direzione.

3. Vengono ripetuti iterativamente gli step 1. e 2. finchè la misura effettuata viene giudicata dalla fotocamera come a fuoco. Si noti che l'AutoFocus non aspetta che le lenti finiscano il movimento prima di effettuare una nuova misura, ma per essere più rapido la effettua nel mentre, e fornisce nuove indicazioni alle lenti in tempo reale.

Molte fotocamere ammettono quattro modalità di AutoFocus:

- **Singolo (AF-S)**. Segue il flusso logico precedente alla lettera.

- **Continuo (AF-C)**: il flusso logico precedente non si interrompe mai (nemmeno se in un certo istante l'immagine è perfettamente a fuoco). Comporta un maggior consumo di energia, ma in corrispondenza di un soggetto in movimento (che permanga comunque in un intorno del punto di messa a fuoco, di seguito in rosso) è cruciale per fare degli scatti a fuoco. Ma di default disabilitatela, anche perché vi impedirà di eseguire la tecnica Focus and Recompose.

Figura 34: La modalità AF-C è ottima per i soggetti in moto frontale [34].

- **Automatico (AF-A)**. La fotocamera imposta un AutoFocus singolo ma, se percepisce del movimento, passa ad usare l'AutoFocus Continuo.

- **Tracking**. Si tratta di un AutoFocus continuo più intelligente, che mantiene il fuoco agganciato al soggetto, seguendolo anche qualora esso si sposti dal punto di messa a fuoco. Se la vostra fotocamera ce l'ha, usate questa al posto di AF-C.

Figura 35: La modalità tracking è ottima per i soggetti in moto laterale rispetto al fotografo [34].

Il Diaframma

Come già accennato, un obiettivo fotografico dispone, oltre che di un sistema di lenti, anche del diaframma, ossia un'apertura circolare di a lamelle di area regolabile dal fotografo, come si vedrà, tramite il cosiddetto "Numero F". Tale dispositivo è ubicato subito dopo la lente principale dell'obiettivo, appena i raggi hanno iniziato a convergere. A seconda del grado di apertura, esso potrà bloccare più o meno di quei raggi, lasciando passare gli altri verso il sensore.

Il diaframma viene inserito negli obiettivi in quanto la regolabilità della sua apertura consente al fotografo di:

- **Dosare la quantità di luce in ingresso**, qualora risulti eccessiva e tale da far saturare il sensore.
- **Regolare la profondità di campo**, ossia l'intervallo di distanze dal centro ottico della lente in cui l'immagine rimane approssimativamente a fuoco.

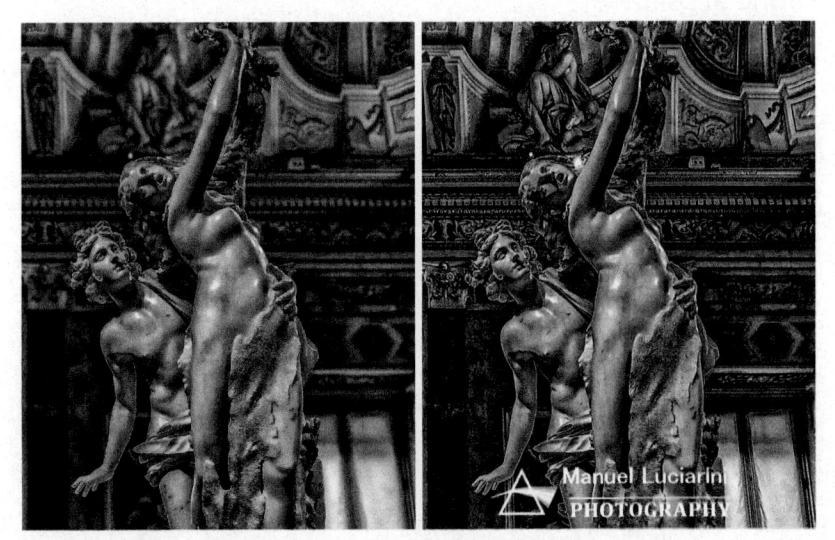

Figura 36: A sinistra, scatto con F 1.8, a destra 8.0. Scatti effettuati con tempi diversi per garantire la stessa luminosità e mostrare unicamente la diversa profondità di campo delle due aperture. Apollo e Dafne, Galleria Borghese.

Le due cose avvengono in contemporanea: chiudendo il diaframma si riduce il numero di raggi in ingresso al sensore e dunque si aumenta la profondità di campo[24]. Il fotografo, a seconda del genere fotografico, potrebbe volere solo la prima, solo la seconda, o entrambe. Aprendo il diaframma si ottiene invece uno scatto più luminoso e con una profondità di campo minore. E anche qui, potrebbero essere desiderate entrambe o solo una delle due. Un diaframma chiuso è spesso una salvezza nella fotografia paesaggistica a cielo aperto. Un diaframma aperto lo è per creare lo sfuocato in un ritratto e per la fotografia delle stelle.

Per quantificare l'effetto di una certa apertura del diaframma, dobbiamo fare questo ragionamento. Considerate una lente sprovvista di diaframma e tale da convogliare tutta la luminanza in ingresso $L_{Soggetto}$ [W/m²] dello scenario fotografato sul piano del sensore. La lente, però, non riuscirà a carpirla tutta perché è fisicamente troncata e non tutti i raggi vi entreranno, ma solo quelli entranti nella calotta sferica definita dal diametro della lente. Se poi c'è il diaframma con un diametro di apertura, ancora meno raggi andranno al sensore.

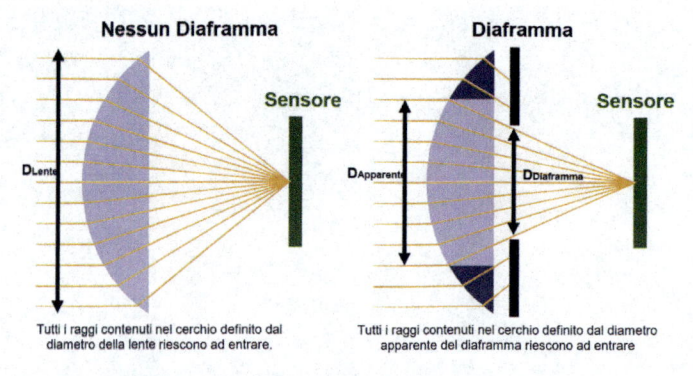

Figura 37: Lente senza e con diaframma.

[24] Si pensi al caso estremo di un diaframma talmente chiuso da far passare un raggio solo (e sottilissimo) di luce: il punto sorgente che lo ha generato produrrà un solo punto immagine (e sarà sempre nitido sul sensore), anche se la messa a fuoco non è stata impostata su quel punto sorgente. Meno raggi fuori fuoco giungono sul sensore, meno larga è la macchia di sfocatura che vi si forma.

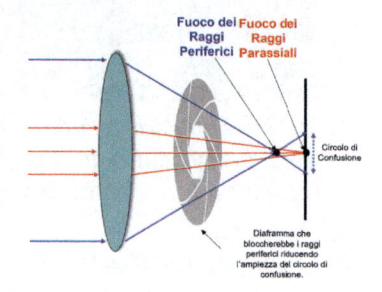

Come potete notare dalla figura, però, il cerchio di accettazione della lente non ha diametro pari a quello del diaframma, bensì diametro maggiore (ma minore, ovviamente, del diametro della lente). Esso è detto **diametro apparente del diaframma** (indicato semplicemente come **D**) perché è quello che vedremmo a occhio nudo osservando da molto lontano (distanza idealmente infinita, cioè raggi paralleli) la lente. Tale apertura è anche detta "pupilla di ingresso" ed è il cerchio che vedete guardando l'obiettivo.

Della luminanza in ingresso $L_{Soggetto}$ [W/m^2] emessa da una porzione di area della sorgente la lente catturerà la sola porzione corrispondente ai raggi ottici entranti nella propria pupilla di ingresso. Tale quantità è proporzionale a $L_{Soggetto} \cdot D^2$ [W], nell'ipotesi di lente sottile e sferica. Tale potenza si spargerà su un'areola di sensore di valore proporzionale al quadrato dell'ingrandimento, e dunque al quadrato della focale. Più la lente ingrandisce, più sparge la stessa potenza assorbita su un'immagine più larga diminuendone la luminosità a parità di diametro della pupilla. La potenza per unità di area proiettata sul sensore (che moltiplicata per il tempo di scatto darà luogo all'**esposizione**) sarà così proporzionale a

$$L_{Soggetto} \cdot \frac{D^2}{f^2} \ [W/m^2]$$

La formula vale per il caso di raggi in ingresso paralleli all'asse ottico. Negli altri casi (raggi ottici inclinati, ossia provenienti da una porzione periferica della sorgente rispetto all'asse ottico) vi sarà un calo maggiore della potenza in ingresso alla pupilla ("vignettatura naturale" o "roll-off") poichè la sua area di assorbimento proiettata nella direzione di tilt diminuisce con il coseno del tilt stesso.

Si definisce **Numero F** di un obiettivo fotografico il rapporto tra la sua lunghezza focale e il diametro apparente del suo diaframma:

$$F = f/D \ [adimensionale]$$

L'utilità di F è che, a meno dei termini di proporzionalità dati dalla geometria della lente, descrive la radice quadrata del calo di luminanza in ingresso dovuta alla chiusura del diaframma.
In una fotocamera è possibile regolare l'apertura fisica del diaframma e dunque la sua apertura apparente, che dipende dalla prima. Maggiore l'apertura fisica minore sarà il valore di F, e maggiore sarà il numero di raggi che colpirà il sensore retrostante come si osserva nella figura che segue.

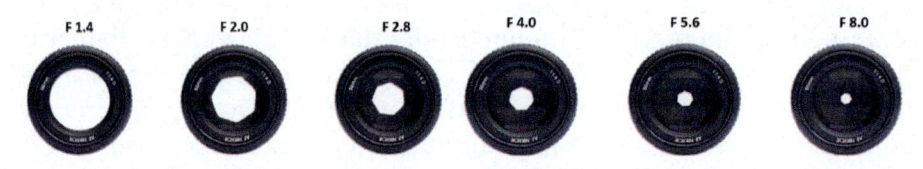

Figura 38: Significato fisico dei valori di F. Potete notare le loro pupille di ingresso.

Immaginate ora di posizionare il sensore così da mettere a fuoco il piano sorgente a distanza d. Qualsiasi un intorno avanti - indietro di tale piano darà luogo a dei punti immagine non perfettamente a fuoco sul sensore, poiché formerà su di esso delle macchie circolari dette Circoli di Confusione, i cui diametri si indicano con C e crescono all'aumentare del diametro di apertura del diaframma.

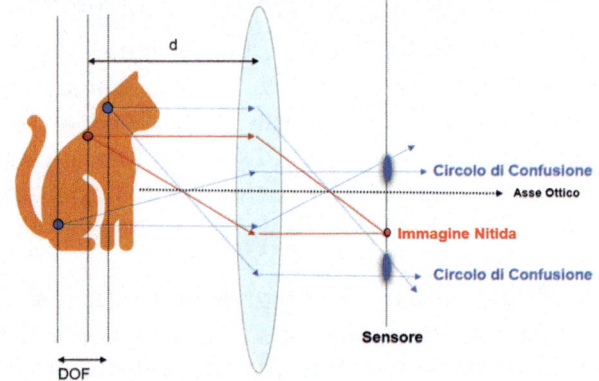

Figura 39: Concetto di Profondità di Campo (DOF, Depth Of Field).

La **profondità di campo** (DoF, Depth of Field) è la massima ampiezza dell'intorno sorgente cui corrispondono circoli di confusione con diametro più piccoli del potere risolutivo dell'occhio umano[25], che verranno dunque percepiti come a fuoco. Si può dimostrare la formula che segue, approssimata per soggetti molto lontani (d ≫ f):

$$\text{DoF} \approx \frac{2 \cdot F \cdot C}{M^2} \; [\text{mm}]$$

Si noti che decresce all'aumentare dell'ingrandimento (M ≈ f/D).

---

[25] Il suo valore varia in base alla distanza di osservazione della foto scattata e ovviamente a se la foto viene ingrandita. Un valore di riferimento è 0.02mm.

Molte lenti hanno come massimo valore di F (cioè minima apertura del diaframma) il valore F32. In linea di principio si potrebbe realizzare un valore più alto realizzando un diaframma che possa chiudersi fino ad avere un'apertura su scala atomica. Capirete presto però che sarebbe una feature inutile. Il fenomeno della diffrazione rende piuttosto raro l'impiego in fotografia di valori superiori a F16. Non è dunque il massimo valore di F che quantifica il prestigio di una lente in termini di profondità di campo. Lo è invece il valore minimo.

Il minimo valore di F (cioè la massima apertura del diaframma) di una lente è fisicamente vincolato dal costo e dall'ingombro massimi consentiti. Realizzare un valore di F basso (da F2.8 in giù) richiede, a parità di focale f, un sistema di lenti con sezioni trasverse più larghe e dunque con più vetro. Le lenti con valore di F inferiore a F2.8 (come F1.0, F1.4, F1.8 etc) sono nel gergo dette "fast lenses"[26] e sono consensualmente amate dai fotografi perchè capaci di realizzare il noto effetto bokeh (sfuocato sullo sfondo) molto utile nei ritratti (come vedrete nel capitolo dedicato).

Se riuscite, cercate di acquistare questo tipo di lenti (posto che abbiano una soddisfacente curva MTF, di cui si parlerà in Nitidezza e Risoluzione). Vi daranno la possibilità di realizzare l'effetto Bokeh e, qualora vogliate una profondità di campo maggiore, vi basterà chiudere il diaframma al valore che volete. A parità di qualità, una lente ad apertura massima maggiore offre solo dei vantaggi e delle possibilità in più.

Una scelta tipica è il 50mm F1.8, disponibile per praticamente tutti i brand commerciali (Nikon, Canon, Sony etc). Perchè è compatto, ha una focale adattabile ai ritratti a pieno o mezzo busto, e non ha un costo eccessivo perchè la focale f non è eccessivamente lunga (F basso si ottiene con diametro largo e focale piccola!).

---

[26] Il record raggiunto è F0.33, per la lente Carl Zeiss Super-Q-Gigantar 40mm.

L'Otturatore

Da sempre le macchine fotografiche fanno uso di un **otturatore meccanico**, vale a dire un sistema composto tipicamente da due tendine il cui ruolo è quello di mantenere il sensore normalmente oscurato per poi esporlo alla luce solo durante il tempo di scatto tramite l'apertura di una tendina e la successiva chiusura dell'altra, ad opera di un piccolo motore dedicato.

Le fotocamere più recenti dispongono **anche** di un'alternativa, l'**otturatore elettronico**. Non è nulla di strano, è il sistema che è presente nei vostri smartphone. Quando è abilitata questa modalità, l'otturatore meccanico è mantenuto sempre aperto ed il sensore è costantemente esposto alla luce esterna che vi giunge dall'obiettivo. Ma, il segnale da esso catturato viene letto dalla circuiteria esterna e inviato al Signal Processor unicamente durante il tempo di scatto.

Figura 15: Otturatore meccanico a sinistra, ed elettronico a destra.

L'impiego dell'otturatore elettronico ha i seguenti vantaggi:

- Non fa rumore. Non sentirete il solito click, in altri termini.

- Non consuma parti meccaniche della fotocamera. La vita di una fotocamera è spesso quantificata dalla casa produttrice in base al numero di scatti che essa è in grado mediamente di effettuare prima che l'otturatore vada sostituito. Tale valore tipicamente varia tra i 100 e i 500 mila scatti.

- La sua velocità non è vincolata dall'inerzia meccanica delle tendine e dalla dimensione del sensore. Pertanto consente di impostare tempi di scatto estremamente brevi (e.g. 1/32000s, contro 1/8000s per un'otturatore meccanico tipico).

ma anche i seguenti svantaggi:

- Può causare artefatti in caso di soggetti in moto ad alta velocità. Nel momento in cui viene premuto il tasto di scatto, avviene il reset della carica "vecchia" immagazzinata sui pixel del sensore. Al termine del tempo di scatto, vi è la **lettura riga per riga** della carica immagazzinata di interesse alla fine dello scatto. Se il soggetto si sposta parecchio nel tempo che intercorre tra la lettura di due righe successive, vi è un'inevitabile deformazione della geometria del soggetto. Tale effetto è detto rolling shutter distortion e potrà essere limitato migliorando la rapidità di lettura del sensore.

- Non funziona col flash. Almeno per ora. Non c'è un limite fisico all'impiego del flash con l'otturatore elettronico (cosa che avviene ad esempio negli smartphone). Ma è necessaria una coordinazione specifica tra il flash ed il sensore per non esporre indesideratamente quest'ultimo ai lampi di pre-test. Tale sincronizzazione non è attualmente disponibile per i flash in commercio, almeno per i brand che conosco io!

Si noti che non è vero che l'otturatore elettronico usura il sensore più rapidamente rispetto a quello meccanico. Perlomeno nelle mirrorless. È vero che lasciare il sensore esposto alla luce per tutto il tempo che la fotocamera è accesa lo mantiene ad una temperatura superiore (rispetto a quella che avrebbe se oscurato dall'otturatore meccanico), il che può ridurre l'aspettativa di vita del sensore. Ma è vero anche che, nelle mirrorless, l'otturatore è di default lasciato aperto. Altrimenti il fotografo non potrebbe vedere cosa sta per scattare dal mirino elettronico o dal live view! L'otturatore elettronico non peggiora nulla.

Per come la vedo io, usate l'otturatore che preferite. Tranne per il caso di soggetti in movimento e di fotografie col flash, in cui la scelta migliore è utilizzare quello meccanico.

Il Sensore

I sensori digitali convertono l'informazione luminosa acquisita in un segnale elettronico, immagazzinato in memoria in formato binario. Le tecnologie più consolidate sono due, entrambe ideate negli anni '60 e '70: **CCD** (Charge Coupled Device) e **CMOS** (Complementary Metal - Oxide Semiconductor). Sia il CCD sia il CMOS sono costituiti da una griglia rettangolare di piccoli elementi fotosensibili, detti **pixel**, il cui scopo é immagazzinare una quantità di carica elettrica (Coulomb, [C]) proporzionale all'intensità luminosa in ingresso. La forma dei pixel puo essere quadrata, rettangolare, ottagonale o di altro tipo, mentre la dimensione é dell'ordine di 5 - 8 um per le DSLR, e di 1um per gli smartphone.

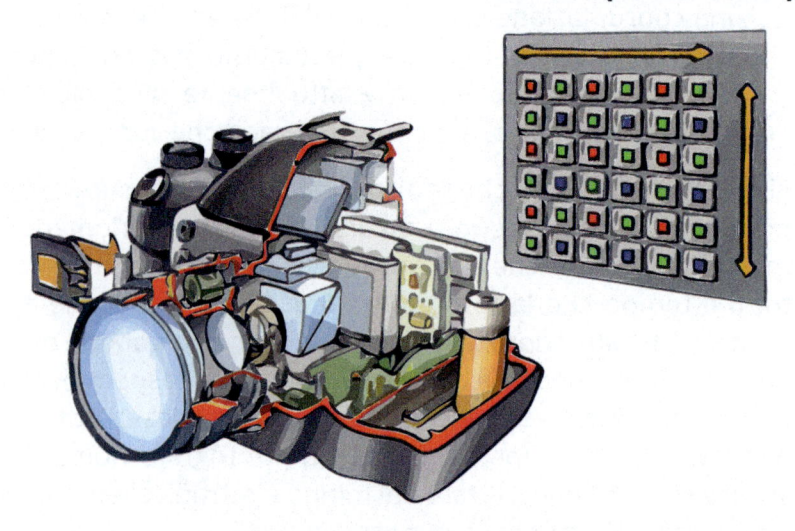

Figura 40: Sensore digitale [35].

Ciascun pixel é in grado di generare, con una certa efficienza, un certo numero di elettroni liberi a partire da una certa luminanza in ingresso ($[W/m^2]$), i quali vengono accumulati in un condensatore che agisce come memoria temporanea. La carica accumulata viene convertita in un segnale analogico sotto forma di corrente, proporzionale alla luminanza in ingresso al sensore, che viene infine convertita in digitale e immagazzinata in memoria.

Per captare non solo la quantità di luce incidente (che produrrebbe un'immagine in scala di grigi) ma anche il colore incidente, metà dei pixel sono resi sensibili (grazie a dei gel chimici) al verde, un quarto al rosso e un quarto al blu (**modello di Bayer**). Tramite opportuni algoritmi (demosaicing) si ricava il segnale immagine in un punto di sensore interpolando i valori di corrente erogati dai pixel di medesimo colore nelle vicinanze di quel punto.

La differenza tra CCD e CMOS è che:

- nei CCD, tramite un comando esterno opportuno lanciato al termine dello scatto fotografico, la carica accumulata nel singolo pixel è trasferita nel pixel adiacente (lungo la stessa colonna), con un meccanismo opportuno che ricordi a quale pixel corrisponde quale valore di carica accumulata. Si preleva dunque in uscita dal sensore una corrente, poi amplificata e convertita in tensione e immagazzinata in binario, la cui sequenza temporale permette di ricostruire l'immagine rappresentante lo scatto.

- nei sensori CMOS, ciascun pixel è molto più sofisticato poichè contiene già al suo interno l'amplificatore e il convertitore analogico – digitale. Anche qui i segnali digitali vengono trasferiti all'esterno con una sequenza temporale opportuna.

I sensori CMOS hanno il vantaggio di avere, rispetto ai CCD, minor consumo di potenza e maggiore velocità di acquisizione dell'immagine (la conversione in digitale è effettuata simultaneamente su ogni pixel). Tuttavia, i CCD hanno minor rumore e minor complessità costruttiva, e per questa ragione hanno dominato il mercato fino agli ultimi anni in cui lo sviluppo della microelettronica ha facilitato la realizzazione dei CMOS.

I sensori per DSLR e Mirrorless hanno due formati tipici: 36 x 24mm (detto **Full Frame**, FF) e 24mm x 16mm (detto **APS-C**). Ne esistono anche altri, come il Medio Formato, il Grande Formato e il Micro 4/3.

Nel paragrafo L' Obiettivo vi ho parlato del cerchio di copertura. Esso deve essere sufficientemente grande da poter essere ritagliato dal sensore per cui è pensato.

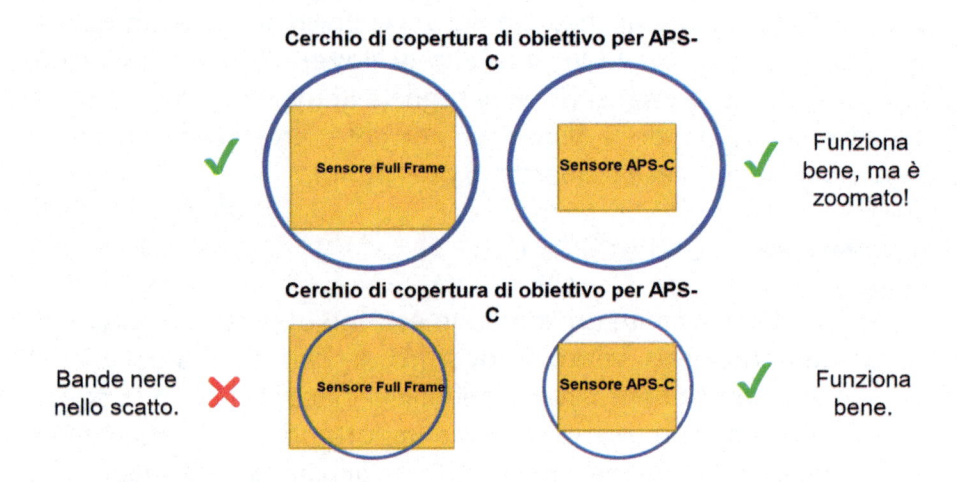

Figura 41: Possibili combinazioni tra obiettivo e sensore FF e APS-C.

Tenete presente che che:

- Un obiettivo progettato per APS-C su una fotocamera FF poiché farà apparire una parte d'immagine nera, quella al di fuori del cerchio di proiezione in figura.

- Un obiettivo progettato per FF funzionerà correttamente su una fotocamera APS-C ma ritaglierà l'immagine. Base e altezza dei due formati stanno in una proporzione di 1.5 (detta "fattore di taglio", **Crop Factor**), il che implica che:

    1. In termini di ingrandimento, utilizzare un obiettivo FF su un sensore APS-C equivale ad utilizzare una obiettivo di focale incrementata del fattore di taglio stesso (e.g. un obiettivo da 50mm diventa da 75mm). Si dice che l'obiettivo ha **focale equivalente pari al prodotto della focale vera e del fattore di taglio**. In realtà la focale rimane sempre 50mm, ma tale focale su un sensore APS-C ha l'angolo di campo che su un Full Frame si otterrebbe con una focale da 75mm!

2. La focale comprensiva di Crop Factor è quella che conta per il calcolo sia dell'ingrandimento sia del **tempo di scatto** con la rule of thumb 1/focale (che poi vedrete). Questo perché il tempo di scatto è dato dalla nostra percezione del mosso, che dipende da quanto ingrandiamo lo scatto. Usare un APS-C su un cerchio di copertura per Full Frame ingrandisce lo scatto.

3. Il Crop Factor non comporta un aumento del Numero F. Se il vostro obiettivo FF ha apertura minima F2.8, non diventerà F4.2 su un sensore APS-C. **Il Numero F è proporzionale alla focale vera**, poiché l'attenuazione (sotto radice) che la luce subisce per arrivare al sensore dipende dal cammino fisico vero dei raggi, che è lungo la focale vera. Se poi il sensore ritaglia l'immagine o meno, ciò non cambia la luminanza che la lente gli proietta.

Un obiettivo progettato per fotocamera FF ha una resa molto pù nitida su una fotocamera FF rispetto ad una APS-C con pari numero di megapixel in quanto il "zoomare di meno" rende il sensore meno sensibile alle imperfezioni della lente. Su quale fotocamera scegliere, vi consiglio decisamente una Full Frame se riuscite a trovare le ottiche che vi servono ad un prezzo per voi accettabile.

Per quanto riguarda invece i megapixel, a parità di tecnologia di sensore, più sono e meglio è. Qualcuno dice che è meglio che siano pochi perchè catturano più luce (avendo area maggiore rispetto ad un sensore di stesse dimensioni in cui sono tanti) e dunque danno luogo ad un rapporto segnale rumore (SNR) per pixel maggiore. Questo è vero, ma quando si visualizza un'immagine su display o stampa non conta l'SNR per pixel di acquisizione, ma di visualizzazione. Se osservate due scatti, uno da 12mpx e uno da 24mpx su un monitor da 12mpx, il secondo scatto subirà una media aritmetica ogni 2 pixel per effettuare un downscaling. Ciò migliora il SNR di un fattore 2, proprio come lo scatto da 12mpx! Ma quello da 24mpx ha il vantaggio di poter essere visualizzato decentemente (non pixellato) anche su un monitor a risoluzione superiore!

Il Mirino

Il mirino è il dispositivo che permette di visualizzare l'inquadratura e, in praticamente tutte le DSLR e Mirrorless attuali, alcune informazioni utili in tempo reale come i parametri di scatto e soprattutto la misura dell'esposimetro. Il mirino è nelle DSLR di tipo **OVF** (Optical ViewFinder), ossia è realizzato tramite pentaprisma o pentaspecchio, e di tipo **EVF** (Electronic ViewFinder) nelle Mirrorless.

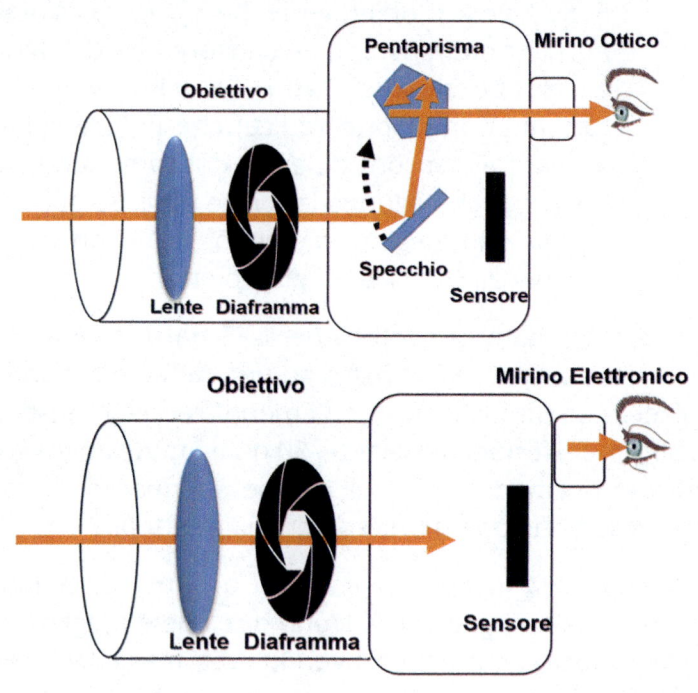

Figura 42: Schema di una Reflex (sopra)) e di una Mirrorless (sotto).

Il **pentaprisma** è un blocco di vetro trasparente a forma di prisma a base pentagonale, utilizzato nelle DSLR semiprofessionali e professionali per riprodurre l'immagine inquadrata dall'obiettivo nel mirino. Precisamente si parla di "pentaprisma a tetto" poiché una delle facce è divisa in due superfici ortogonali nel modo mostrato in figura seguente a sinistra. Solo le facce colorate in grigio sono ricoperte da uno strato che le rende perfettamente riflettenti. I raggi in ingresso dal basso (provenienti dallo specchio della fotocamera, che compensa l'inversione verticale dovuta all'obiettivo) vengono riflessi dapprima dalle due facce del tetto e poi dalla superficie anteriore, fornendo in direzione del mirino un'immagine invertita, di modo da compensare l'inversione orizzontale attuata dall'obiettivo[27]. Nelle DSLR entry level, invece, il pentaprisma è sostituito dal **pentaspecchio**, ossia un dispositivo analogo ma cavo all'interno, e dunque più leggero, ma responsabile di una visione meno luminosa per le maggiori perdite alle interfacce aria-specchio. Si noti che la presenza di pentaprisma o pentaspecchio non ha nulla a che vedere con la qualità dell'immagine, ma solo con la visione tramite mirino.

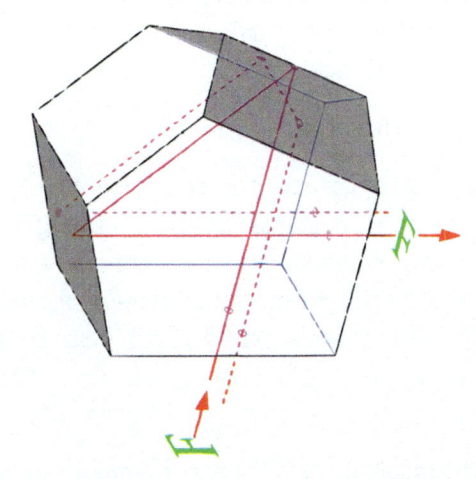

Figura 43: Pentaprisma a tetto [36].

Ben diverso è invece il funzionamento del **mirino elettronico** (EVF) in uso nelle Mirrorless: i raggi luminosi in uscita dall'obiettivo colpiscono il sensore fotografico, che in tempo reale li acquisisce, li elabora e li mostra in anteprima sul mirino elettronico. L'immagine che si osserverà sarà diversa da quella di un mirino ottico in quanto è l'immagine vista dal sensore, e dunque corrispondente allo scatto che si sta per eseguire. È come avere nel mirino la modalità Live View, ossia di anteprima su display LCD, di una moderna DSLR. Inutile dirvi che voto Mirrorless tutta la vita.

---

[27] Si noti che una delle facce (in alto a sinistra) del pentaprisma è inutilizzata (non riflette né trasmette): viene creata troncando il prisma per ridurre l'ingombro.

Il Flash

Il Flash (propriamente "lampeggiatore fotografico") è un dispositivo in grado di emettere lampi di luce su scala del millisecondo (o meno) in sincronia con il tempo di apertura dell'otturatore di una fotocamera. Il flash può avere diversi scopi, tra cui quello di schiarire le zone d'ombra dovute alla luminosità ambientale (**riempire le ombre**), cambiare la distribuzione della luce nello spazio (**diffondere la luce**) o semplicemente **illuminare la scena** inquadrata in condizioni di scarsa luminosità ambientale. I primi due effetti sono i più interessanti in ambito fotografico, ed essi costituiscono il motivo per cui utilizzerete il flash soprattutto di giorno.

I tipi di flash più comuni, mostrati in Il Flash, sono:

- **Flash integrato**, presente in molte DSLR e Mirrorless. È piuttosto debole e pertanto non consiglio di limitarsi ad utilizzare solo questo. In assenza di altro può risultare comunque utile per riempire piccole ombre (come quelle che le foglie di un albero creano sul viso di una persona in condizioni diurne) o per creare una luce diffusa ma dovrete abbinarvi un diffusore (soft box[28]) portatile.

- **Flash a slitta**, ossia un flash esterno a pile agganciabile alla fotocamera su un'apposita slitta superiore. Ne potete trovare attorno ai 100€ molto più potenti di un flash integrato, e con un discreto set di accessori come diffusori e telecomandi per scatto remoto (per utilizzarli come unità separate dalla fotocamera, il che è utile per direzionare la luce lateralmente). Dunque, ne consiglio l'acquisto, e se non dovete fare fotografia in studio potete fermarvi a questo step.

---

[28] È una scatola che circonda il flash dalle pareti internamente riflettenti. La luce emessa dal Flash rimbalza su di esse (comportandosi da cavità elettromagnetica), per poi uscire dalla parete frontale (che è semi-trasparente) propagandosi non più frontalmente, ma su una moltitudine di direzioni (luce diffusa). Chiaramente sulla direzione frontale l'intensità luminosa sarà minore rispetto flash senza softbox.

- **Flash da studio**. Sono notevolmente più potenti di tutti gli altri flash e dispongono della massima libertà nella scelta degli accessori (soft box, snoot – ossia dei coni che convogliano la luce in una sola direzione – e così via), e sono tipicamente alimentati da rete.

Figura 44: I tipi di Flash più comuni [37].

Tutti questi flash sono spesso dei tubi allo xeno: una circuiteria elettronica apposita carica un condensatore a diverse centinaia di Volt. Quando la fotocamera, sincronizzandosi con l'otturatore, comanda l'attivazione del flash, il condensatore viene connesso agli elettrodi del tubo contenente il gas xeno, sul quale si genera un arco elettrico che si manifesta con una luce molto intensa e bianca.

Dal punto di vista fisico, **la bontà di un flash** qualsiasi è quantificato dall'**energia luminosa sprigionata** durante il tempo di lampo[29]. Nel caso dei flash da studio, la prestazione è di fatti espressa in Watt · s, cioè Joule (valori tipici sono da 100 a 600 Watt · s).

---

[29] Essendo il lampo veloce rispetto a qualsiasi tempo di esposizione voi possiate usare nella maggior parte delle situazioni, un flash da 0.5ms con un certo numero di Watt è equivalente in termini di luce sul sensore ad un flash da 0.25ms con il doppio dei Watt.

Purtroppo però tale grandezza non ci dice direttamente quanta energia luminosa ha raggiunto il soggetto (che è ciò che ci interessa), che è naturalmente funzione anche del pattern di illuminazione (cioè dal profilo direzionale del fascio) generato da quel flash. Per questa ragione, se nel caso dei flash da studio si continua a ragionare in Watt · s e si ricava poi l'esposizione tramite esposimetro esterno, nel caso dei flash integrati e a slitta, che di solito vengono utilizzati fuori dallo studio e senza esposimetro esterno, i costruttori quantificano la prestazione che ci interessa in termini di **numero guida**. Ve ne parlerò nel paragrafo Esporre col flash.

Quando utilizzate il flash, ricordatevi che non potrete impostare un tempo di scatto più rapido del **Flash Synchro Time** della vostra fotocamera. L'otturatore delle fotocamere è solitamente composto da due tendine che si muovono verticalmente (come in figura che segue) o orizzontalmente. Quando premete il pulsante di scatto per eseguire uno scatto relativamente lento, la prima tendina si abbassa, scoprendo via via il sensore. Quest'ultimo viene poi scoperto totalmente, finchè poi il movimento della seconda tendina lo ricoprirà. La velocità delle tendine, pilotate da un motore, è regolata di modo che tutte queste azioni lascino la singola porzione di sensore scoperta per un tempo pari al tempo di scatto.

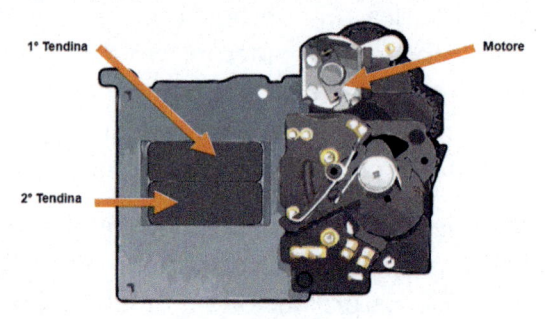

Figura 45: Otturatore.

Una situazione come quella appena descritta non dà problemi di sorta quando utilizzate il Flash poiché quest'ultimo è sincronizzato per attivarsi (erogando il suo segnale luminoso impulsivo) nel momento di totale apertura dell'otturatore.

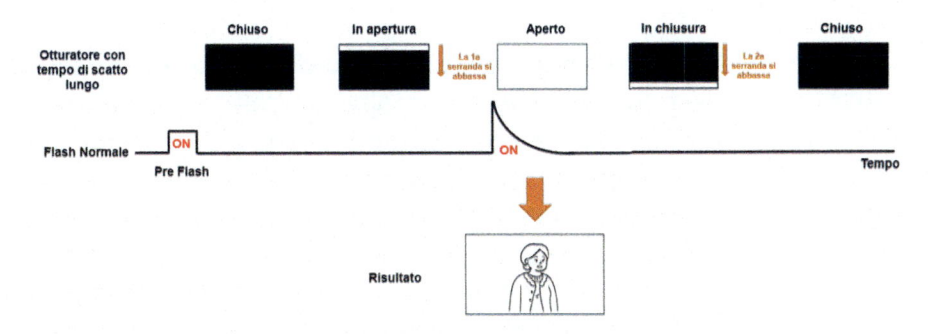

Figura 46: Risultato ottenuto usando il Flash con un tempo di scatto lento.

Purtroppo le due tendine hanno, a seconda del loro materiale, una massima accelerazione cui possono essere sottoposte. Dunque, **quando si imposta un tempo di scatto troppo rapido**, l'unico modo che l'otturatore ha per realizzarlo è avviare il movimento di chiusura della seconda tendina mentre la prima è ancora in transito. Ciò comporta che il sensore non è mai completamente scoperto dall'otturatore. Rimane scoperta solo una striscia. Ciò non è un problema nelle foto scattate con la luce ambientale, dal momento che essa si mantiene pressochè costante durante il tempo di scatto, permettendo all'otturatore, seppur una striscia per volta, di catturarla. È però un problema se usate il Flash, che concentrerà tutta la sua energia luminosa quando solo una striscia di otturatore potrà catturarla. **Verranno delle bande nere inevitabilmente**.

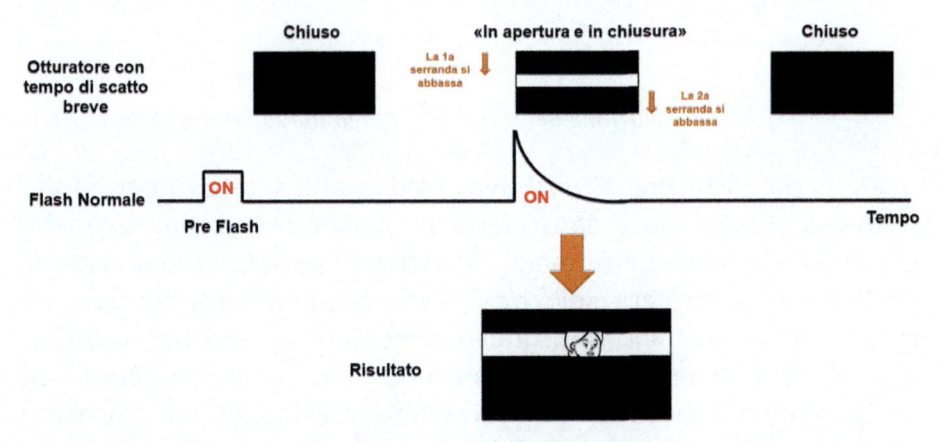

Figura 47: Risultato usando il Flash con tempo di scatto minore di Sychro Time.

Potete risolvere il problema in due modi:

1. Accontentandovi di un **tempo di scatto più lento**. Il Flash Synchro Time di molte fotocamere moderne è 1/250s. Non è poi così lento. Andrà benissimo per molti scatti, anche di soggetti in leggero movimento. Considerate poi che se la luce ambientale di fondo è bassa, il sensore catturerà poca luce nel tempo di scatto e moltissima durante il lampeggio del flash. Il contributo di mosso contenuto nella prima sarà trascurabile (nel gergo, "il Flash congela l'attimo su scala del millisecondo").

2. Se il vostro Flash lo supporta, potete abilitare la **modalità High Speed Sync**. Di base il Flash eroga un impulso più largo (tramite una sequenza continua di singoli impulsi), che illumini nel suo tempo totale tutte le zone di sensore man mano scoperte dall'otturatore.

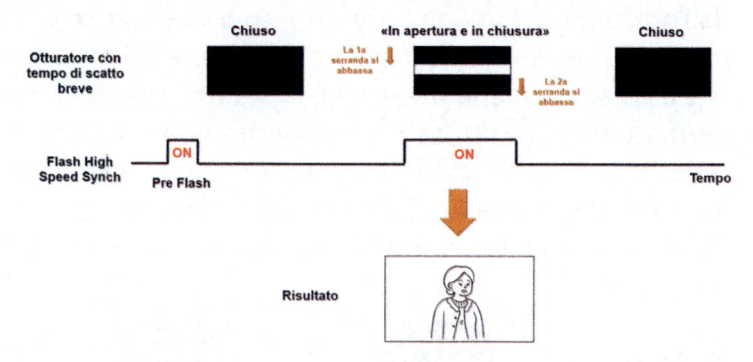

Figura 48: Soluzione del problema con la modalità High Speed Sync.

Usate la modalità High Speed Sync solo quando state fotografando qualcosa di così veloce da richiedervi un tempo così rapido. Anche perché il Flash vi darà meno luminosità perché ciascuna zona dell'otturatore coglierà solo una parte dell'impulso largo, che ha potenza di picco minore di quello stretto della modalità normale. Usatela se realmente serve e spesso non è così. Ho eseguito scatti perfettamente a fuoco con una vecchia Zenit 122 a pellicola, con flash a slitta non High Speed Synch e Flash Synchro time 1/40 s ...

Capitolo 3: Uno scatto di qualità

Quando si dice che una foto è di alta qualità bisogna aver chiaro di cosa si sta parlando. La **qualità** di un'immagine fotografica è descritta da **attributi** definiti da **misure quantitative** e oggettive (a parte l'ultimo della lista) di grandezze fisiche ben precise.

Attributo	Aspetto	Grandezza Fisica
Nitidezza	Quanto sono netti i contorni degli oggetti nell'immagine.	Modulation Transfer Function, Tempo di Scatto, Numero F
Risoluzione	Grandezza del più piccolo dettaglio percepibile in un'immagine.	Modulation Transfer Function, Numero di pixel per pollice (PPI) di diagonale.
Rumore	Granularità di fondo.	Signal – to – Noise Ratio.
Artefatti	Disturbi dall'aspetto non granulare.	Numero di Megapixel, Profondità di Bit, % di distorsione, numero di Hot/Stuck Pixel.
Esposizione	Quantità di luci, ombre e mezzi toni presenti.	Esposizione, osservabile sugli istogrammi in fotocamera o in post-produzione
Colore	Dominante cromatica di un'immagine.	Tonalità (Hue) e Saturazione, osservabili in post-produzione.
Attrazione	Capacità di innescare un trigger emozionale nell'osservatore.	\

L'ultimo attributo è fortemente personale, e dipende dal fascino intrinseco del soggetto inquadrato e dall'originalità della composizione (diversità rispetto alla media corrente delle fotografie). Ma ciò non deve togliere importanza e oggettività agli aspetti più scientifici della fotografia, portando a pensare che per ottenere uno scatto affascinante sia sufficiente il solo lato artistico. **Difficilmente uno scatto sarà attraente se poco nitido** (il mancato fuoco sul soggetto ne distoglie l'attenzione di chi guarda), **a bassa risoluzione** (l'aspetto pixelato impedisce a chi guarda di coglierne i dettagli), **rumoroso o artefatto** (distolgono l'attenzione di chi guarda), **non correttamente esposto** (ovunque troppo buio, troppo luminoso, poco o troppo contrastato) **e virato su colori irrealistici**. Sfido chiunque a proporre ad un concorso qualcosa del genere vantandosi di aver effettuato uno scatto originale.

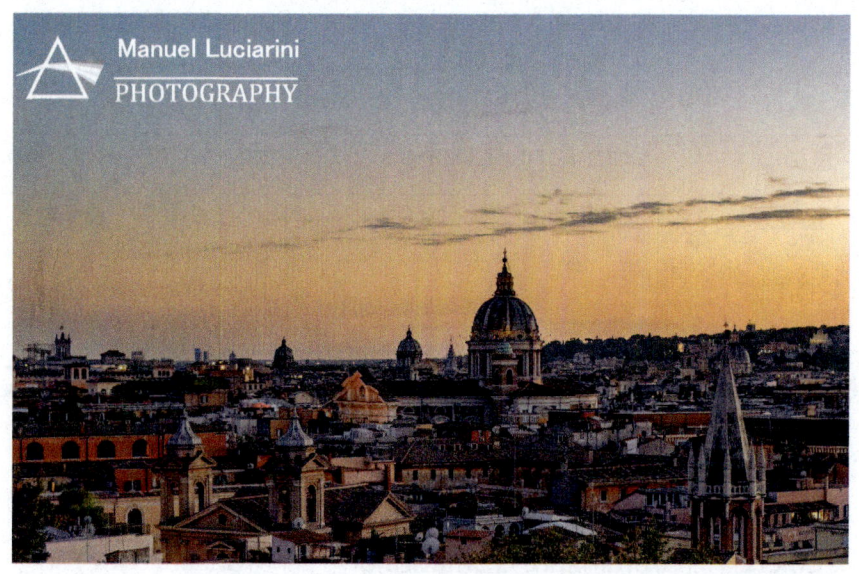

Figura 49: Pincio, 75mm, ISO 1600, F2.8, Tempo di Scatto 1/80s.

I seguenti paragrafi vi diranno come ottimizzare questi parametri quantitativi. Al momento dello scatto, potete agire sulla Luminosità con una corretta Esposizione, su Nitidezza e Risoluzione agendo sul valore di F, sul Colore operando sul bilanciamento del bianco, sul Rumore ottimizzando la scelta dei parametri di scatto e infine su alcuni Artefatti scegliendo di salvare l'immagine in formato RAW.

Nitidezza e Risoluzione

Nitidezza e risoluzione sono due concetti che spesso vanno di pari passo e a breve capirete il perché. Ed entrambi definiscono la qualità dell'immagine. Ma il loro significato è leggermente diverso.

Per capire la risoluzione, ricordatevi che un'immagine digitale è come un mosaico composto da tanti tasselli di dimensione pari ai pixel del sensore. Adesso, definiamo paio di linee l'insieme di una linea di luce (in figura disegnata bianca, ma può essere di qualsiasi colore) e di una linea di buio (nera). Affinchè il sensore le veda come distinte, esse dovranno essere sufficientemente larghe da cadere su due pixel distinti (che dovranno dunque essere sufficientemente piccoli).

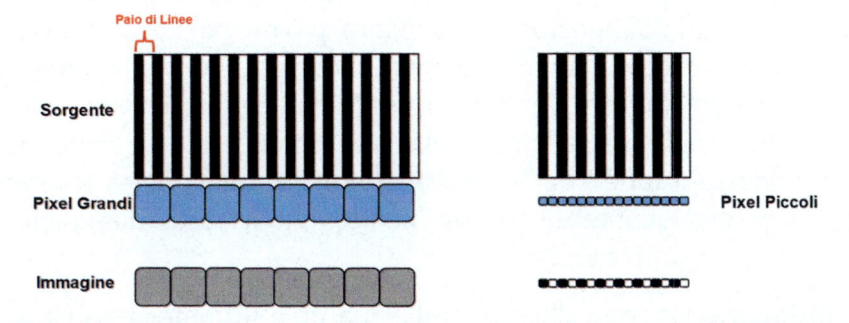

Figura 50: A sinistra, ciascun pixel è grande e campiona sia linee di luce sia linee di buio, catturando un'immagine grigia in cui non si distinguono le linee iniziali. A destra, linee di luce e di buio cadono su pixel distinti, e appariranno distinte nell'immagine.

L'immagine acquisita da un sensore si dirà ad **alta risoluzione** se questo ha dei pixel così piccoli da catturare e distinguere un numero elevato di paia di linee per mm (lp/mm, "Line Pair per mm"). Il potere risolutivo ([lp/mm], dove lp sta per "line pair") del sensore è pari a:

$$P_{Sensore} = \frac{1}{2 \cdot \text{Dimensione Pixel}} \quad [\text{lp/mm}]$$

Ad esempio un sensore con pixel di 2.4 um avrà un potere risolutivo di 208.3 lp/mm. Occhio la risoluzione si può calcolare lungo la dimensione orizzontale, verticale o diagonale, per cui va sempre specificato. Se il pixel è quadrato e ragionate sulla diagonale, dovete moltiplicare la dimensione del lato del pixel per 1.414.

Note fondamentali:

- La dimensione del pixel vi da l'indicazione della risoluzione. Quanto più è piccolo, tanto più elevata la risoluzione dell'immagine. **Se guardate un'immagine e riuscite a vederne i pixel** (i famosi "**quadratini**", sebbene non siano sempre quadrati), **più li vedete grossi e meno risoluta sarà l'immagine** perché avrà buttato via tutti i dettagli distinti che la sorgente (il soggetto) aveva dentro la dimensione del pixel.

- Qualcuno definisce il potere risolutivo del sensore come semplicemente il numero totale di pixel (i famosi "**megapixel**"). È un errore logico perché quello che conta è quanto piccoli sono i pixel, non quanti sono. Chiaramente, fissata la dimensione del sensore, più megapixel ci sono e più sono piccoli. Un modo invece corretto (e alternativo alla misura lp/mm, sebbene quest'ultima abbia il vantaggio di parlare la stessa lingua delle lenti, come si vedrà) di misurare la risoluzione è parlare di **PPI (Pixel Per Inch)**, ossia il numero di pixel contenuti in un pollice (2.54cm) di diagonale di immagine/sensore.

La **nitidezza** risponde alla domanda: quanto è sfumata la transizione tra due dettagli adiacenti? Più lo è, meno risalterà lo stacco tra di essi. Vedrete a breve che la nitidezza è matematicamente definita dal **contrasto**, ossia dal dislivello di luminosità (max – min) tra due elementi adiacenti. È solo il contrasto, di fatti, che può permettere all'occhio umano di distinguerli, facendo spiccare un elemento grafico rispetto a quello vicino. Basso contrasto significa sfuocatura.

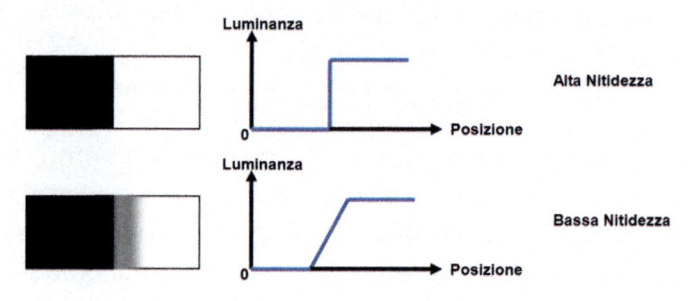

Figura 51: Concetto di Nitidezza.

In un apparato fotografico, sono sempre desiderabili elevata risoluzione del sensore ed elevata nitidezza dell'obiettivo. La prima permette di acquisire con estrema finezza i distinti dettagli del soggetto, quindi male non fa. La seconda permette di riprodurre facilmente le sfumature del soggetto. Se questo ha dei dettagli che spiccano rispetto allo sfondo, tale risalto dev'essere preservato. Se invece ha delle sfumature più dolci (ad esempio la linea di separazione tra cielo e mare all'orizzonte), esse verranno comunque preservate dall'ottica ad alta nitidezza, quindi anch'essa male non fa.

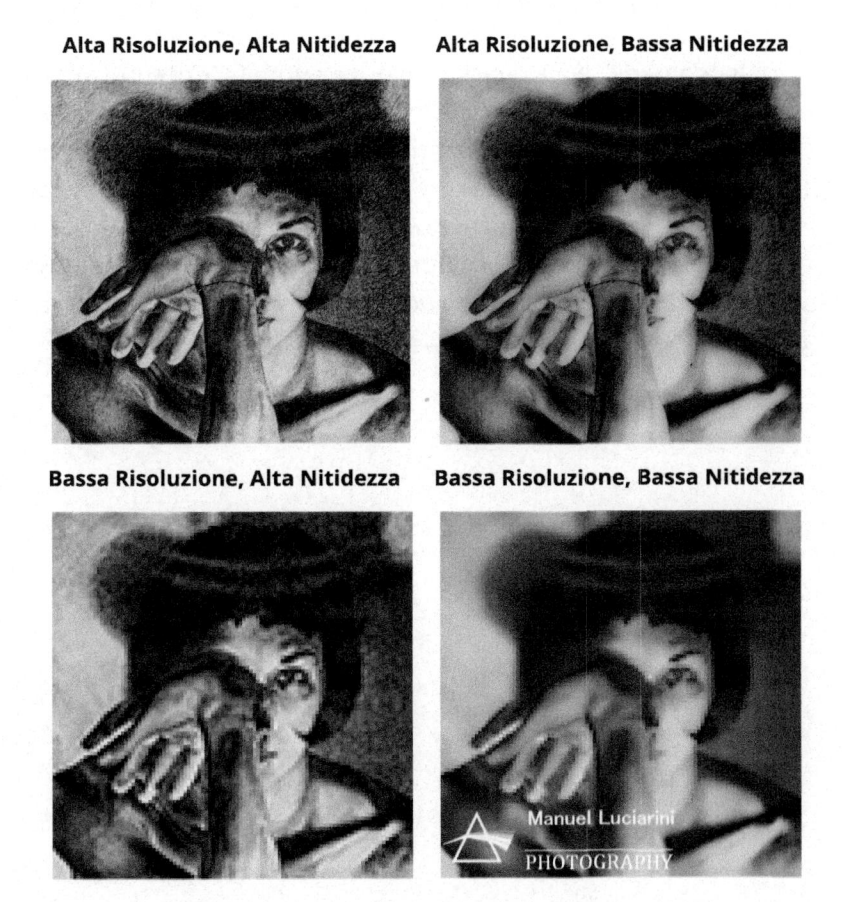

Figura 52: Differenza tra nitidezza e risoluzione [38].

Dunque, **avere più megapixel** (a parità di area di sensore, e cioè pixel più piccoli) **male non fa mai. Avere minor calo di contrasto nella lente, male non fa mai. Ma le due cose sono legate?** Sì. Immaginate di avere un sensore super risoluto e la lente peggiore che sia mai esistita, tale da attenuarvi tutto il contrasto tra gli elementi del soggetto al punto da un'immagine totalmente uniforme e grigia. Il sensore potrà essere fine quanto vuole, ma sempre una schiera di pixel uguali (e grigi) tirerà fuori nell'immagine. La scarsa nitidezza della lente ha limitato la risoluzione complessiva dell'apparato fotografico. La risoluzione dell'immagine, che finora abbiamo pensato uguale a quella del sensore (e spesso è così), è in realtà qualcosa di più. E viceversa, se pure avete la lente perfetta, che preserva lo spiccamento di un dettaglio del soggetto rispetto ad un altro, tali dettagli non verranno visti dal sensore se la dimensione del suo pixel è più grande della loro distanza. È evidente che serve un metodo per combinare le prestazioni di obiettivo e sensore, per capire come **quantificare nitidezza e risoluzione dell'intero apparato fotografico**, che poi sono quelle dell'immagine finale.

Nitidezza e Contrasto in post-produzione

Se dite ad un grafico che la nitidezza è il contrasto se la prende a male (sebbene matematicamente sia così e c'è ben poco da discutere...). Ciò è dovuto al fatto che, in ambito grafico, gli **algoritmi di aumento di contrasto** agiscono sull'intera immagine (o su sue sottoparti di interesse) eliminando i valori di luminosità intermedi tra bianco e nero (per ciascun colore!): zone poco più chiare del grigio medio diventano bianche, zone poco più scure diventano nere. Gli **algoritmi di aumento di nitidezza** ("Edge Enhancement")[30] agiscono allo stesso modo, ma solo attorno ai bordi degli elementi presenti nell'immagine, che sono le zone dove l'occhio necessità di contrasto per distinguere gli elementi vicini.

Immagine Originale   **Aumento di Nitidezza**   **Aumento di Contrasto**

Figura 53: Applicazione degli algoritmi di nitidezza e contrasto ad una macro di un cristallo.

Lo potete osservare con i vostri occhi applicando i due diversi algoritmi ad un'immagine qualsiasi. Tipo questa che ho mostrato qua sopra. La nitidezza è il contrasto ai bordi.

---

[30] Il filtro nitidezza, per la sua precisione, è un ottimo strumento che, nella giusta dose, impiego nella post-produzione di quasi tutte le mie fotografie, permettendo di compensare il calo di contrasto dovuto all'obiettivo fotografico. Non abusatene però. Non è perfetto e può dar luogo ad un'immagine finta.

La nitidezza dell'obiettivo

L'obiettivo perfetto, che prende in ingresso i raggi emessi da un punto luminoso, restituisce sul sensore (supposto ubicato alla distanza giusta) un singolo punto luminoso, identico alla sorgente. Nel mondo reale, però, ciò non accade poiché:

- La lente reale, come si è visto, per via delle **aberrazioni**, mappa ciascun punto sorgente su più punti di sensore.

- L'introduzione del diaframma comporta un allargamento del punto sorgente per **diffrazione da apertura**, generando un disco di Airy sul sensore.

Entrambi i fenomeni contribuiscono al **circolo di confusione complessivo**, e dunque determinano un calo di nitidezza (un punto luminoso che si espande sul sensore, per conservazione dell'energia, distribuisce la sua luminanza nello spazio, per cui la transizione luce – buio è più sfumata), e possono limitare la risoluzione dell'immagine finale se il circolo diventa più largo del pixel del sensore.

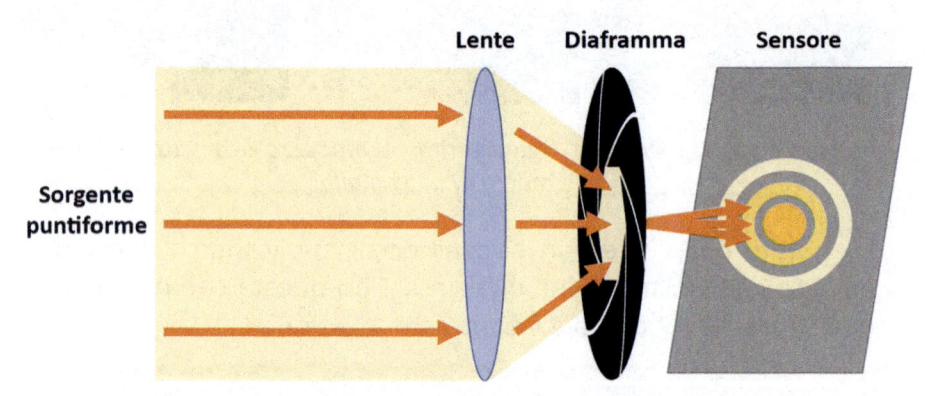

Figura 54: Diffrazione causata dalla presenza del diaframma

Il primo fenomeno è globalmente quantificato dall'errore medio rms sul fronte d'onda w_{RMS}, come già abbiamo visto, ed è legato alla qualità costruttiva della lente. Il secondo fenomeno invece ha la stessa entità in tutte le lenti perché dipende unicamente dal valore di F che utilizzate. Ma esso interagisce con il primo nel determinare la qualità complessiva della lente. Vediamo come.

La diffrazione

Supponiamo non esistano aberrazioni, ma vi sia solo la diffrazione dovuta alla presenza del diaframma.

Si definisce **PSF (Point-Spread Function)** l'immagine che si presenta all'uscita dell'obiettivo (e cioè sul sensore) quando in ingresso vi è una sorgente luminosa puntiforme. Come già sapete, tale funzione non è purtroppo un punto, ma il disco di Airy con i suoi anelli concentrici.

Il disco di Airy ha, nel caso di riferimento in cui il sensore è a distanza dalla lente pari alla focale (idonea per mettere a fuoco sorgenti molto lontane), diametro pari a 2.44 $\lambda f/D$, e cioè $2.44\lambda \cdot F_{Number}$. **Minore il valore di F_{Number} (diaframma più aperto), minore sarà l'effetto negativo della diffrazione** perché più stretto sarà il disco di Airy. Se ad esempio si effettua uno scatto con $F_{Number} = 11$, inquadrando una sorgente luminosa verde a 550nm, il diametro del disco di Airy sarà:

$$d_{Airy} = 2.44 \cdot 550\text{nm} \cdot 11 = 14.76 \mu\text{m}$$

Il principio di sovrapposizione degli effetti (date più sorgenti luminose, la loro immagine totale è la somma delle singole immagini) permette, nota la funzione PSF(x, y) di una sistema ottico, di ricavarne l'immagine in uscita $I(x_i, y_i)$ sul piano i dell'immagine, in corrispondenza di una sorgente qualsiasi $S(x_s, y_s)$ sul piano s:

$$I(x_i, y_i) = \iint_S S(x_s, y_s) \cdot \text{PSF}\left(\frac{x_i}{M} - x_s, \frac{y_i}{M} - y_s\right) dx_s dy_s$$

Il termine M è l'ingrandimento complessivo del sistema di lenti, che rappresenta la trasformazione da coordinate sorgente a coordinate immagine. L'integrale descrive una convoluzione spaziale sul piano sorgente: si pesa ciascun punto sorgente per la PSF centrata in quel punto, e lo si addiziona ai contributi degli altri punti sorgente.

Come già avete visto, si preferisce ragionare considerando non un punto di luce immerso nel buio, bensì una linea (idealmente infinita) di luce, che qui collochiamo lungo l'asse y. È più comodo perché con tale sorgente, l'immagine prodotta sarà identica lungo l'asse y, e si può analizzare ciò che accade solo sulla variabile x. La lente darà in uscita, anziché un solo disco di Airy, la sovrapposizione di più dischi allineati. Tale funzione è detta **LSF (Line-Spread Function)**.

L'immagine finale sarà la combinazione delle PSF sull'asse trasversale:

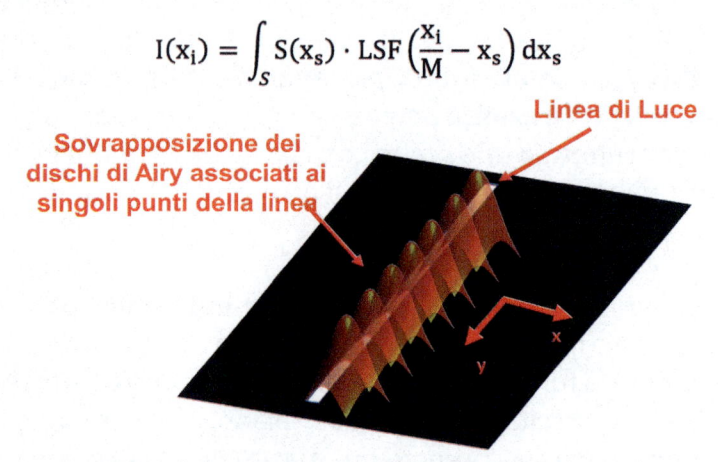

$$I(x_i) = \int_S S(x_s) \cdot LSF\left(\frac{x_i}{M} - x_s\right) dx_s$$

Figura 55: Andamento spaziale della LSF tipica di una lente.

Si definisce **MTF (Modulation Transfer Function)** la trasformata di Fourier della LSF:

$$MTF(u) = \int_{-\infty}^{+\infty} LSF(x) \cdot e^{-j2\pi ux} dx$$

Essa è funzione della variabile u, detta frequenza spaziale lungo l'asse x, che rappresenta il numero di oscillazioni di luminosità per unità di lunghezza, ed è convenzionalmente espressa in [lp/mm] (Line Pair per mm, "paia di linee per mm"). La seguente figura mostra il profilo di LSF su un taglio da diffrazione su un taglio e della sua MTF.

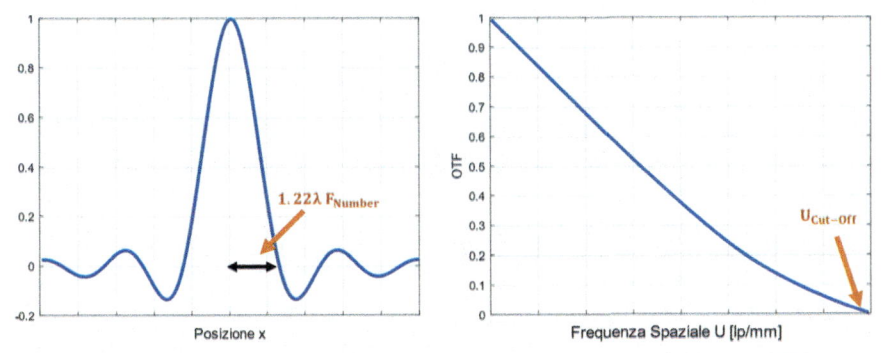

Figura 56: LSF a sinistra e MTF a destra, entrambe in caso di sola diffrazione.

La MTF rappresenta la risposta in frequenza spaziale[31] dell'obiettivo, ossia il modo in cui varia la sua uscita al variare della rapidità di transizioni buio-luce in ingresso. L'andamento ottenuto in Figura 56 parla chiaro: la diffrazione (che si può apprezzare anche da una singola linea di luce) fa sì che, se c'è una transizione luce – buio – luce molto repentina, l'obiettivo la ammorbidirà. La MTF ha valore unitario unicamente a frequenza spaziale 0 (sorgente dalla luminosità uniforme). Man mano che la frequenza spaziale u cresce, essa decresce, fino ad arrivare ad un punto (frequenza di cut-off, pari a $1/(\lambda F)$) in cui l'obiettivo ha totalmente sfumato la transizione.

Figura 57: significato della MTF in termini di nitidezza.

L'espressione della MTF dovuta alla sola diffrazione è pari a:

$$\text{MTF}_{\text{Diffr}}(u) = \frac{2}{\pi} \cdot \left[\cos^{-1}(u/u_{\text{Cut-Off}}) - (u/u_{\text{Cut-Off}}) \sqrt{1 - (u/u_{\text{Cut-Off}})^2} \right]$$

ed è calcolata proprio come trasformata di Fourier della linea di Airy.

---

[31] Vi semplifico la vita: 1 paio di linee = 1 oscillazione nello spazio. Così come 5 Hz significa " 5 oscillazioni al secondo", "5 paia di linee per mm" significa che il segnale luminoso oscilla 5 volte ogni mm.

Le aberrazioni

È possibile provare la seguente espressione per la MTF dovuta alle aberrazioni generenti un errore RMS w_{RMS} sul fronte d'onda :

$$\text{MTF}_{Aberr}(u) = 1 - \left(\frac{w_{RMS}/\lambda}{0.18}\right)^2 \cdot \left[1 - 4((u/u_{Cut-Off}) - 0.5)^2\right]$$

Si tratta di una formulazione approssimata che non tiene conto del fuori fuoco locale su ciascuna posizione dell'immagine. Si può provare che il calo di contrasto massimo dovuto a tali aberrazioni decresce all'aumentare di F (più il diaframma è chiuso, meno raggi periferici vanno sul sensore, e meno aberrazioni si creano).

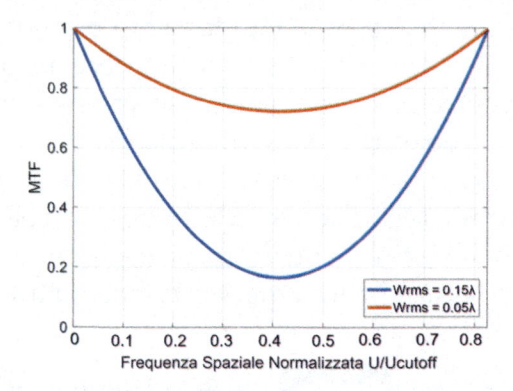

Figura 58: MTF dovuta alle aberrazioni.

La nitidezza totale e lo Sweet Spot

La MTF ha l'enorme vantaggio di poter tener conto globalmente di tutti i difetti della lente (e, vedremo anche del sensore), e per di più di tenerne conto in maniera molto semplice. Nell'ipotesi di linearità, la MTF totale è il prodotto delle MTF. Dunque, la qualità complessiva di un obiettivo, che tiene conto sia della diffrazione sia delle aberrazioni, è specificata dalla sola funzione:

$$\text{MTF}(u) = \text{MTF}_{Diffr}(u) \cdot \text{MTF}_{Aberr}(u)$$

Il suo andamento in frequenza è molto simile a quello della MTF dovuta a diffrazione, con uno schiacciamento maggiore alle frequenze spaziali intermedie per via del maggior calo di contrasto a tali frequenze dovuto alle aberrazioni.

Avrete notato una cosa: la MTF dovuta alla diffrazione peggiora quanto più il diaframma è chiuso, mentre quella dovuta alle aberrazioni vi migliora. Chiudere il diaframma farà sì divergere un po' i raggi per diffrazione, ma al contempo non farà entrare i raggi più problematici in termini di aberrazioni, ossia quelli più distanti dall'asse ottico. Esiste dunque un'apertura del diaframma ottima, detto **Sweet Spot** (tipicamente ubicata tra F5.6 e F11.0), in cui ogni singolo obiettivo ha il proprio picco di MTF e dunque di nitidezza.

La MTF, da sola, ci dice quanto l'obiettivo degrada la nitidezza. Una linea di luce sorgente è matematicamente esprimibile come sovrapposizione continua di tante sinusoidi spaziali a diverse frequenze u. Queste ultime vengono tanto sfumate (attenuate del fattore MTF(u)) quanto più sono repentine. La sfuocatura della transizione luce - buio, non è altro che una **perdita di contrasto**. Si consideri, per semplicità, un segnale di test sinusoidale del tipo.

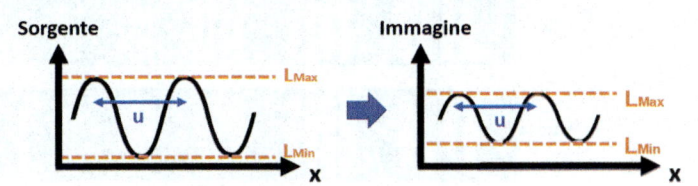

Figura 59: Segnale di test sinusoidale.

$$\text{Sorgente}(x) = A + B \cdot \sin(2\pi u x + \phi) \; [W/m^2]$$

Definendo il suo contrasto come il dilivello normalizzato tra la luminanza massima e minima:

$$C = \frac{L_{Max} - L_{Min}}{L_{Max} + L_{Min}}$$

si ottiene tramite semplici considerazioni di teoria dei segnali (teorema della risposta in frequenza) che la MTF rappresenta il calo di contrasto tra immagine (uscita) e sorgente (ingresso):

$$\text{MTF} = \frac{C_{\text{Immagine}}}{C_{\text{Sorgente}}}$$

e va dunque interpretato come il fattore di attenuazione del contrasto luce – nero della sinusoide sorgente. Nel caso più articolato di segnale di test a onda quadra (quello utilizzato nella pratica), vale la relazione puntuale su ogni singola frequenza spaziale che compone l'onda quadra:

$$\text{MTF}(u) = C_{\text{Immagine}}(u)/C_{\text{Sorgente}}(u)$$

La MTF di una lente ad alcune frequenze spaziali specifiche è misurata dai costruttori considerando diverse sorgenti di test composte da più paia di linee vicine. Ciò è utile perché noto il calo di contrasto ad esse corrispondenti, si potrà valutare se il sensore sarà in grado di risolverle (i.e. distinguerle), non solo in virtù della propria dimensione di pixel, ma anche del calo di contrasto della lente.

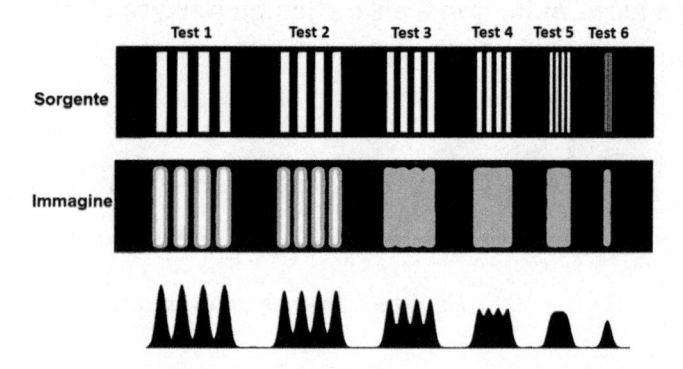

Figura 60: Tipiche sorgenti di test per la misura dei valori di MTF.

I costruttori degli obiettivi fotografici forniscono dei diagrammi, detti "MTF Charts", i valori di MTF ad un preciso valore di F in corrispondenza di alcune frequenze spaziali specifiche (e.g. 10 e 30 lp/mm) e muovendosi dal centro verso la periferia del sensore. Leggiamo insieme quella del recentissimo NIKKOR Z 58 f/0.95 S Noct.

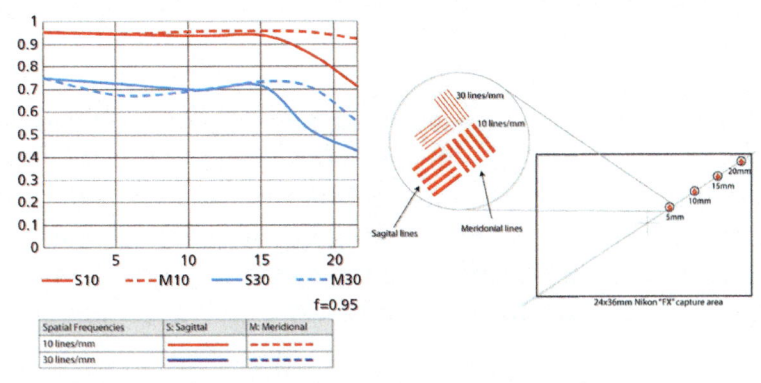

*Figura 61: A sinistra, MTF Chart del NIKKOR Z 58mm f/0.95 S Noct [39].
A destra, definizione di line sagittali e meridionali.*

In ascissa è riportata la distanza radiale [mm] dal centro del sensore (0 significa che ci si trova al centro). Nella pratica si misura la MTF con due orientamenti di onda quadra di test, dette **sagittale** e **meridionale**, lungo le due diagonali del sensore. Imperfezioni costruttive e fenomeni di aberrazione possono far differire le corrispondenti MTF. La dipendenza della MTF dalla distanza dal centro del sensore è dovuta all' aberrazione da curvatura di campo, che conferisce alla MTF un profilo decrescente a meno di eventuali ondulazioni. Confrontando tale diagramma con quello di un'altra lente a parità di Numero F, si può scegliere la migliore in termini di nitidezza. Tornando allo **Sweet Spot**, conoscerlo per i propri obiettivi è utile per stabilire il valore di F di riferimento per alcuni generi fotografici, come si vedrà. Per conoscerlo potete usare sorgenti bidimensionali di test simili a quelle che vi ho mostrato edeseguire scatti variando F e osservate la nitidezza media dell'immagine. L'alternativa è affidarsi a test effettuati da recensori del settore, che riportano la frequenza spaziale risolta (a breve capirete) in funzione di F per un obiettivo su un sensore di riferimento. Di seguito un grafico di esempio, reperibile su Lenstip per il Samyang 35mm F2.8. Considerate per una buona nitidezza almeno 35lp/mm.

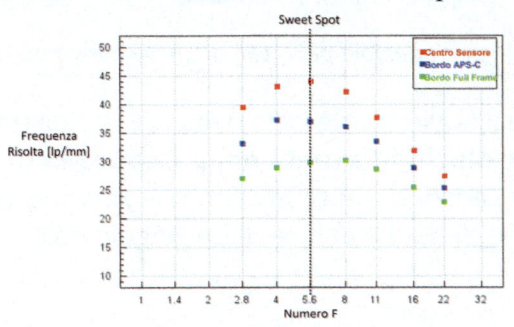

Ah, nota conclusiva. Spesso si parla di "potere risolutivo delle lenti". Non mi piace, e vi garantisco che vi creerà confusione. Il valore di MTF deve essere pensato come l'indice del calo di contrasto (dunque di nitidezza) di una sorgente a quella frequenza spaziale. Dire "risoluzione" ha poco senso per la lente da sola, ed è invece utile quando introduciamo un sensore che ne campiona l'uscita.

La risoluzione del sensore

Abbiamo detto che il potere risolutivo del sensore è il reciproco di 2 volte la dimensione del pixel. In realtà possiamo però parlare di MTF anche per il sensore, e ciò è molto meglio perché permette di descriverlo con la stessa lingua con cui descriviamo le lenti.

Se la lente mappa un punto luminoso sorgente in un disco di Airy (allargato per via della diffrazione), il sensore, per semplicità composto da pixel quadrati, lo mappa invece in un quadratino di luce. Cioè, ha una PSF quadrata (funzione $rect$ bidimensionale). La sua LSF sarà rettangolare.

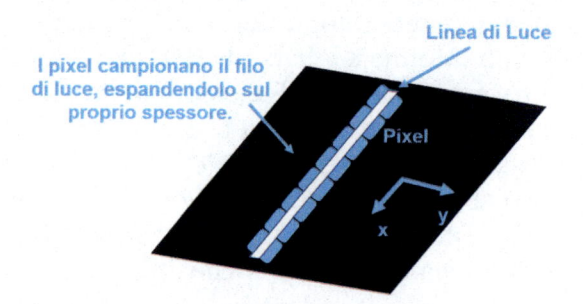

Figura 62: Andamento spaziale della LSF di un sensore a pixel quadrati.

Di seguito vedete il taglio trasversale della LSF (a sinistra) la sua MTF (a destra). Si ha **risoluzione a metà della frequenza di cut-off** (cioè di MTF nulla) del sensore, dal momento che servono due pixel per distinguere le linee di buio e di luce di un singolo paio.

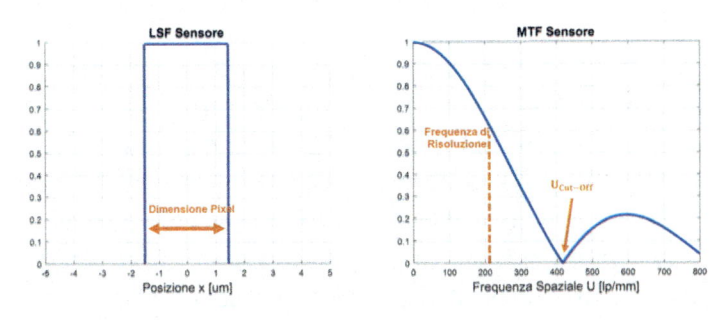

Figura 63: LSF e MTF di un sensore a pixel quadrati.

L'apparato fotografico complessivo

Mettiamo insieme il tutto. Il bello è che, da semplici considerazioni sulla trasformata di Fourier, si dimostra che la MTF di più componenti in cascata, è il prodotto delle singole MTF. Questo ci fa già intuire che la MTF del sistema complessivo non sarà mai migliore (più alta) delle singole MTF, poiché risenterà delle imperfezioni di tutti i componenti insieme (ciascuna minore di 1). La figura che segue illustra il concetto.

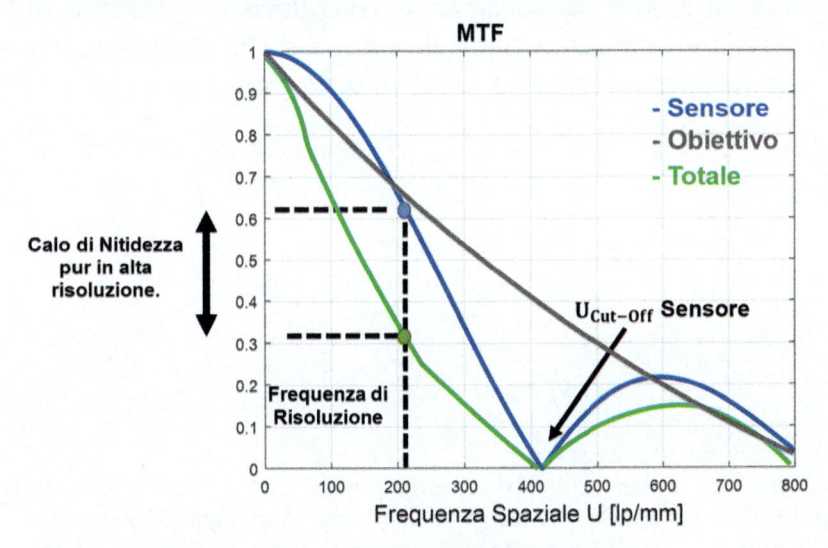

Figura 64: MTF dell'intero apparato fotografico e definizione di risoluzione.

La figura mostra il sensore già visto, con pixel di dimensione 2.4um, che ha una frequenza di cut-off di 416.6 lp/mm, e dunque risolve a 208.3 lp/mm poiché ha bisogno di 2 pixel per ogni paia di linee. La frequenza di risoluzione dell'apparato è sempre questa, da qui non si scappa. Ma, la presenza di un obiettivo con MTF pari circa a 0.7 a quella frequenza ha ridotto di circa il 30% il contrasto rispetto allo stesso sensore con a monte l'obiettivo perfetto. L'immagine sarà ad alta risoluzione, ma poco nitida (si ricordi la Figura 52). Se si pretende di avere la stessa nitidezza che avrebbe l'immagine scattata da quel sensore ma con una lente perfetta, ci si deve accontentare di fotografare soggetti con non più di 110 lp/mm!

Il fatto che la MTF totale sia il prodotto delle MTF ci fa capire una cosa. **Più un sensore è risoluto (più megapixel ha a parità di area), meglio è**. La corsa ai megapixel ha, in principio, senso. Vuol dire che la frequenza di risoluzione si posta più a destra nel grafico, e cioè che ha la possibilità di distinguere paia di linee più fitte. Ciò darà sempre benefici, ma questi saranno via via meno visibili quanto più la frequenza di risoluzione si avvicina a valori in cui la MTF della lente è praticamente zero[32]. Analogamente, **maggiore la nitidezza della lente meglio è**, sempre. Semplicemente i benefici di ciò saranno via via meno visibili se la lente ha circoli di confusione minori del pixel.

---

[32] Qualcuno dice "I megapixel non servono a niente se la lente è scarsa". Così è una verità detta a metà. La MTF totale è il prodotto delle singole MTF. Aumentare i megapixel porta sempre dei vantaggi, a qualsiasi frequenza spaziale inferiore al cut-off della lente (in cui la MTF della lente vale zero). Se la lente è di bassa qualità, la sua frequenza di cut-off sarà bassa e i vantaggi dell'aumento dei megapixel saranno via via meno apprezzabili (pur essendoci!).

Rumore

Una fotocamera digitale immagazzina il segnale bidimensionale rappresentante l'immagine desiderata con un segnale elettrico (proporzionale alla luminanza [W/m^2] dell'immagine) in formato binario. Indicando con I$_S$(x, y) il segnale di corrente puro rappresentante l'immagine vera (il soggetto) visualizzata sul piano XY, esso sarà "sporcato" da diverse sorgenti di rumore, tutte tali da provocare l'effetto grana sullo scatto:

- **Rumore Shot**: consiste in una fluttuazione randomica del numero di fotoni emessi dalla sorgente luminosa, e dunque che giungono sul sensore. È un fenomeno presente nell'ambiente circostante l'apparato fotografico e fortemente impattante. **Il fotografo, per ridurre il fenomeno, ha un solo modo: ottimizzare,** nei limiti del tipo di scatto che vuole ottenere (requisiti di profondità di campo e tempo di scatto), **Numero F e Tempo per far incidere più luce nel sensore.**

    Di fatti, il Rumore Shot si dimostra essere additivo sulla corrente di segnale puro I$_S$(x,y) che incide sul pixel in x,y:

    $$I_{Noisy\,Shot}(x, y) = I_S(x, y) + N_{Shot}(x, y)$$

    Tanto maggiore la luminosità dell'immagine (valore di I$_S$(x, y)), tanto più trascurabile sarà l'effetto di N$_{Shot}$. Il sensore fotografico, vedrà al suo ingresso la luminanza già rumorosa rappresentata dal segnale I$_{Noisy\,Shot}$(x, y), e la amplificherà in virtù della sua sensibilità ISO, come si vedrà. Il sensore catturerà un segnale pari dunque a:

    $$I_{Sensor}(x, y) = ISO \cdot [I_S(x, y) + N_{Shot}(x, y)]$$

- **Rumore di Sensore**: è l'insieme dei rumori causati dal sensore e dagli elementi con cui si interfaccia. Include il **Rumore di Quantizzazione**, dovuto alla conversione analogico-digitale e il **Rumore di Lettura**, dovuto ai componenti che leggono la corrente in uscita da ogni pixel. Sono rumori additivi al segnale già catturato dal sensore.

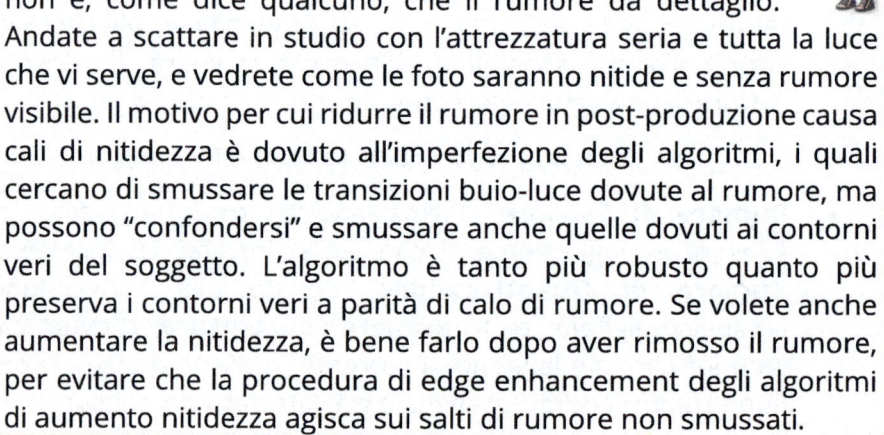

Il segnale rumoroso complessivo è dunque esprimibile come:

$$I_{Out}(x,y) = ISO \cdot [I_S(x,y) + N_{Shot}(x,y)] + N_{Sensor}(x,y)$$

La corrente $I_{Out}(x,y)$ di ogni pixel è proporzionale alla potenza [W/m²] luminosa in ingresso assorbita durante il tempo di scatto. Misurato $I_{Out}(x,y)$, con un fattore di conversione K dipendente dall'apparato si estrae il segnale rappresentante l'energia luminosa assorbita (Esposizione E) normalizzata sull'area del sensore ([lux · s/m²]) per rendere la misura indipendente da quest'ultima:

$$E(x,y) = K \cdot \{ISO \cdot [I_S(x,y) + N_{Shot}(x,y)] + N_{Sensor}(x,y)\}$$

Ne discende che **lavorare ad ISO alte non amplifica il rumore del sensore, bensì amplifica unicamente il rumore shot**. Per ridurre l'effetto di rumore shot, si deve ottimizzare l'uso di tempo e diaframma. Fatto ciò, per ridurre l'effetto del rumore di sensore con i requisiti di tempo e diaframma dettati dallo scatto, si deve usare un'ISO abbastanza alta da garantire la corretta esposizione. Non bisogna, invece, scattare una foto "buia" e aumentarne la luminosità in post produzione, il che amplificherà sia N$_{Shot}$(x,y) sia N$_{Sensor}$(x,y).

> **Ridurre il rumore in post-produzione**
>
> Se applicate una riduzione del rumore troppo violenta su un vostro scatto, noterete una perdita di nitidezza. Il motivo non è, come dice qualcuno, che il rumore dà dettaglio. Andate a scattare in studio con l'attrezzatura seria e tutta la luce che vi serve, e vedrete come le foto saranno nitide e senza rumore visibile. Il motivo per cui ridurre il rumore in post-produzione causa cali di nitidezza è dovuto all'imperfezione degli algoritmi, i quali cercano di smussare le transizioni buio-luce dovute al rumore, ma possono "confondersi" e smussare anche quelle dovuti ai contorni veri del soggetto. L'algoritmo è tanto più robusto quanto più preserva i contorni veri a parità di calo di rumore. Se volete anche aumentare la nitidezza, è bene farlo dopo aver rimosso il rumore, per evitare che la procedura di edge enhancement degli algoritmi di aumento nitidezza agisca sui salti di rumore non smussati.

Il rapporto segnale rumore

La presenza dell'effetto "grana" in un'immagine è quantificata dal SNR (Signal-to-Noise-Ratio). Dato il segnale immagine E(x, y) affetto da rumore, il SNR su singolo pixel è definito come il rapporto tra il suo contributo di segnale ideale e il suo contributo totale di rumore (calcolabile come somma quadratica dei singoli rumori in quanto incorrelati):

$$SNR(x,y) = \frac{ISO \cdot I_S(x,y)}{\sqrt{[ISO \cdot N_{Shot}(x,y)]^2 + \overline{N}_{Sensor}^2(x,y)}}$$

La sua media spaziale definisce il SNR globale dell'immagine. Con $\overline{N}$ si indicano i valori RMS delle variabili di rumore (di preciso $\overline{N}_{Shot}$ ha densità di Poisson a media e deviazione standard pari a $\sqrt{I_S(x,y)}$).

Artefatti

All'effetto negativo del rumore si aggiunge quello degli artefatti, che possono avere più cause e che non si manifestano come grana:

- **Aliasing Spaziale (o Effetto Moirè):** si verifica quando il soggetto fotografato ha delle variazioni di luminosità molto fitte (l'esempio tipico è quello della trama di alcuni capi di abbigliamento), con i picchi di luminosità più vicini del passo di campionamento spaziale del sensore (i.e. la distanza tra due pixel adiacenti). Il sensore interpreterà il segnale in modo distorto se questa circostanza si verifica. Molte fotocamere hanno incorporato un filtro anti-aliasing che risolve il problema sfocando leggermente l'immagine (riducendone la frequenza spaziale) prima che venga catturata dal sensore, con lo svantaggio di ridurre la nitidezza delle immagini, anche quelle che non darebbero luogo a effetto Moirè. La soluzione alternativa è un sensore con più megapixel.

- **Artefatti da Compressione**, che emergono se l'immagine è salvata in JPEG. Sono eliminabili salvando l'immagine in RAW, o fortemente ridotti salvandola in JPEG High Quality.

- **Vignettatura**, ossia il calo di luminosità d'immagine alla periferia rispetto al centro

- **Stuck Pixel** (pixel danneggiati che appaiono neri o monocolore) e **Hot Pixel** (pixel sani che però si comportano come Stuck Pixel durante lunghe esposizioni del sensore[33]).

- **Distorsione a barile o a cuscino**, già trattata in L' Obiettivo.

Tra tutti quelli menzionati, **quelli che potete risparmiarvi sono sicuramente gli artefatti da compressione.**

Considerate un'immagine digitale in bianco e nero, in cui il generico pixel alla posizione x,y contiene l'informazione $I_S(x,y)$, proporzionale all'energia luminosa che esso ha assorbito e variabile da un minimo (nero) ad un massimo (bianco). Tale valore è immagazzinato in memoria in formato binario, ossia come sequenza di N_{bit} cifre (bit) di valore 0 o 1. Il numero di bit è comunemente detto **"profondità di bit"** e permette di rappresentare $2^{N_{bit}}$ valori distinti di luminosità. Dal momento che l'occhio umano può distinguere circa 180 valori di luminosità, per una rappresentazione fedele di un'immagine, è opportuno che il file abbia **almeno 8 bit per pixel** (che è dunque assunto come standard minimo di qualità), poiché $2^8 = 256 > 180$. I bit in eccesso tornano comunque utili perché rendono l'immagine più robusta ad alcuni algoritmi di post processing[34].

Un'**immagine a colori** è salvata in un file allo stesso modo, ma con

---

[33] La causa degli Hot Pixel è il fenomeno di current leakage dei singoli pixel, che diviene visibile con lunghi tempi di esposizione (il che è normale nelle DLSR e non implica assolutamente che tali pixel si danneggino).
[34] Chi vuole approfondire, cerchi in rete l'effetto noto come "posterizzazione".

la differenza che l'informazione è la luminosità di ciascuno dei tre colori primari (RGB o CMY). Il file è composto cioè da **3 canali**, ciascuno memorizzato come un'immagine in bianco e nero ma composta solo di un colore specifico. Anche qui lo standard è di 8 bit per pixel per canale, ossia di 24 bit per tutti e 3 i colori primari, il che permette di rappresentare più di 16 milioni di colori. Dunque, **la dimensione di un file standard** rappresentante un'immagine senza compressione sarà:

$$\text{Dimensione File} = N_{pixel} \cdot N_{bit} \cdot N_{canali}$$

cui si aggiunge una piccola quantità di dati contenenti le informazioni di scatto (metadata) ed informazioni su dimensioni e colori dell'immagine (header). Le fotocamere permettono di salvare gli scatti in diversi formati. Quello che **dovete sempre utilizzare** è il formato **RAW**, in quanto permette di memorizzare lo scatto senza compressione né elaborazioni software, che quindi risulta ottimo per effettuare modifiche in post produzione. Ciascun produttore ha la propria estensione di file RAW (e.g. DNG, NEF, ...).

Il formato **JPEG** ha il vantaggio di ridurre notevolmente la dimensione del file. Potete passare da un valore tipico di 20 Megabyte per il RAW, a 5-6 Megabyte per il JPEG. Purtroppo, ciò avviene a spese di una perdita di qualità (compressione lossy). Vi consiglio di impostare sulla fotocamera il salvataggio sia in RAW sia in JPEG, cosicchè possiate utilizzare questi ultimi da passare al volo a chi le desidera. Vi consiglio poi, quando modificherete il file RAW in post-produzione, di salvare il risultato in JPEG con qualità massima, il che è un ottimo compromesso tra qualità e dimensione del file. Avrete comunque il RAW originario nel caso vi serva per altre operazioni. Il formato **PNG** è invece poco usato in fotografia poiché, pur potendo comprimere l'immagine senza perdita di qualità (lossless), il file ha circa le stesse dimensioni del RAW e lo svantaggio di essere comunque processato dalla fotocamera (demosaicing, anti-aliasing, impostazione del bilanciamento del bianco etc) il che non vi dà massima libertà in post-produzione. Non impostate il salvataggio in PNG. **Usate RAW + JPEG.**

Esposizione

L'esposizione di un'immagine, più precisamente di una porzione di immagine, è la percezione della sua luminosità. Cruciale per ottenere uno scatto corretto è il raggiungimento della corretta esposizione, al fine di garantire uno scatto dalla luminosità gradevole.

Figura 65: Sottoesposizione, Sovraesposizione e Corretta Esposizione. Il soggetto della foto è l'Abbazia di Montecassino.

Vediamo quantitativamente cosa è l'esposizione. Si trascuri la presenza di qualsiasi fonte di rumore. Il vostro obiettivo prende in ingresso la luminanza (potenza per unità di area [W/m^2 o $Lumen/m^2$]) della scena inquadrata, e ne trasferisce sul sensore la stessa quantità scalata col quadrato del **Numero F** (paragrafo: Il Diaframma). Essa viene captata dai pixel del sensore, che forniscono un segnale di corrente $I_{Out}(x,y)$ proporzionale al prodotto di tale potenza e del tempo T_{Scatto} [s], dove il fattore di proporzionalità è detto **ISO** (riferita al valore 100, detto "base") e incorpora sia la sensibilità del sensore (carica generata per ogni fotone in ingresso) sia l'amplificazione.

Il segnale immagine $I_{Out}(x,y)$ è, fuori dalla regione di saturazione, proporzionale all'energia luminosa assorbita dal sensore durante il tempo di scatto. Tale quantità, normalizzata sull'area del sensore per renderla indipendente dalla sua dimensione[35], è detta **Esposizione** [lumen/$m^2 \cdot$ s o semplicemente lux $\cdot$ s]. Un valore generalmente accettato come esposizione corretta per un punto x,y di immagine è 250 lux $\cdot$ s (detta costante di calibrazione), sebbene l'esposizione che fornisca un'immagine gradevole rientri comunque un range di valori possibili (detto **range dinamico**) e dipendente dal sensore.

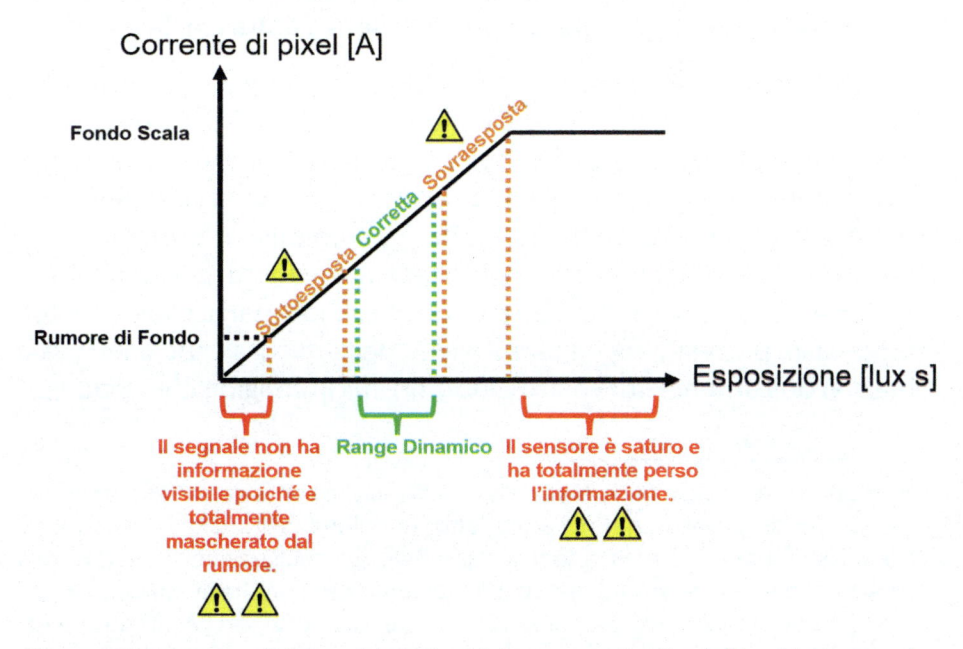

Figura 66: Concetto di Range Dinamico del sensore. Quello dell'occhio umano è di 20 stop (poi capirete il significato), quello dei sensori tipici è di 14 stop.

La cosiddetta **equazione dell'esposizione** ha la forma:

$$E(x,y)[\text{lux} \cdot \text{s}] = K \cdot L_{\text{Soggetto}}[\text{lux}] \cdot \frac{\text{ISO}}{100} \cdot T_{\text{Scatto}}[\text{s}] \cdot \frac{1}{(F_{\text{Number}})^2}$$

---

[35] Ciascun pixel accumula tanta più carica elettrica quanto maggiore la sua area. La sua sensibilità è il prodotto di area, efficienza quantitca (quanti elettroni accumula per ogni fotone incidente) e guadagno di eventuali elementi elettronici.

dove K incorpora vari termini costanti (geometria e trasmittanza delle lenti). Si noti che **l'esposizione** (e dunque la luminosità d'immagine percepita) **è definita in modo indipendente dall'area del sensore**[36].

Operativamente al fotografo non interessa tale equazione in senso assoluto (c'è l'esposimetro per misurare l'esposizione in tempo reale), ma relativo. **Data una misura esposimetrica** che ci dice che l'esposizione è troppo alta e troppo bassa, **ci si chiede dunque come il fotografo possa agire per rispettivamente abbassarla o alzarla.**

La misura esposimetrica è visualizzabile sul mirino e ha l'aspetto mostrato di seguito in figura. Quando il cursore è sul valore 0 vuol dire che l'esposimetro reputa che il punto di messa a fuoco (o la zona circostante o l'intera immagine, a seconda della modalità di misura dell'esposizione che impostate) ha la luminosità ottimale. Se utilizzate una Mirrorless, in realtà potrete vedere già dal mirino elettronico come sarà lo scatto (come fate sullo Smartphone di fatto). In tal caso, potreste anche fare a meno della misura esposimetrica e basarvi unicamente sul vostro giudizion sull'immagine che vedete.

---

[36] Quando visualizzate un'immagine su un display, è convenzione assegnare ad un valore di esposizione misurata alto una luminosità alta. Si potrebbe tranquillamente fare il contrario (che sarebbe una visualizzazione in negativo) o diversamente (ad esempio assegnare la luminosità in base all'esposizione moltiplicata per l'area del sensore). Ciò non cambia nulla perchè, all'interno del range dinamico nero – bianco, quello che conta non è la luminosità assoluta di un'immagine, ma il suo rapporto segnale rumore. Mi viene dunque da strapparmi i capelli quando sento dire che un sensore Full Frame acquisisce scatti più luminosi di un APS-C. A parità di parametri di scatto e di soggetto, avrete la stessa luminosità percepita. In termini di SNR, a parità di megapixel il sensore Full Frame avrà pixel più larghi e dunque con SNR per pixel acquisito maggiore. Ma l'SNR per pixel di visualizzazione sarà lo stesso e pertanto non è vero che avere pixel più piccoli penalizza il sensore in termini di rapporto segnale-rumore. Lo lascia invariato. E ne migliora invece la risoluzione (per questo molte fotocamere Full-Frame hanno più megapixel di molte APS-C: per avere la stessa risoluzione e i vantaggi di ottica di una Full Frame). Con l'obiettivo Nikon AF-S 50mm f/1.4G, in un test di Dpreview il sensore APS-C ha risolto 1500 paia di linee per altezza di immagine, mentre il sensore grande ben 2200.

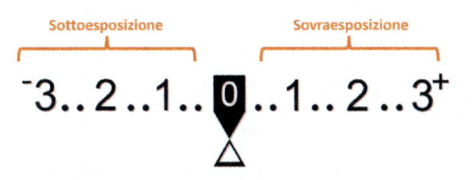

Figura 67: Misura esposimetrica visualizzabile sul mirino.

Ogni salto numerico su questa scala (+1, +2, -1, -2 etc) è detto "Stop di Esposizione" e rappresenta, nell'equazione, un suo raddoppio (+1), dimezzamento (-1), quadruplicamento (+2) etc. Per i matematici: la scala è logaritmica in base 2.

Una regola comune nel mondo della fotografia è **ETTR** (Exposure To The Right, "**esporre a destra**"). La regola dice che, quando eseguite uno scatto, soprattutto se la scena inquadrata ha un forte contrasto tra zone di ombra e zone di luce, **è meglio una leggera sovraesposizione (+1) che una sottoesposizione**. E vi assicuro che la regola è vera. È vero che un'eccessiva sovraesposizione (molto frequente sul Cielo nella fotografia paesaggistica) può far saturare il sensore al colore bianco uniforme (fenomeno detto clipping) e lì lo scatto sarà irrimediabile. Ma una leggera sovraesposizione (ottenuta regolando meglio tempo e diaframma) tale da far rientrare tutte le porzioni di immagine comunque nel range dinamico del sensore, è molto utile perché vi aumenterà il rapporto segnale rumore dell'intera immagine. Sarete sempre in tempo poi, avendo il file RAW, a ridurre l'esposizione in post – produzione.

È evidente che quale sia la corretta esposizione ha comunque un certo margine di soggettività. Vi sarete sicuramente posti già la domanda se è meglio avere la giusta esposizione su un punto preciso (quello di messa a fuoco) o mediamente su tutta l'immagine. Ne parleremo nei prossimi paragrafi. E vi dico inoltre che, **in certi casi specifici**, una netta sottoesposizione (low key) o una netta sovraesposizione (high key), **sempre all'interno del range dinamico**, possono fornire risultati creativi e gradevoli. Dovete capire quando potete permettervi di violare la misura esposimetrica e quando no.

Figura 68: Esempio di fotografia high key. 75mm, F1.8, 1/160s, ISO 100.

Come avete visto, sono tre i parametri decidibili dal fotografo che impattano sull'esposizione: ISO, Tempo di Scatto e Numero F (nel gergo detto semplicemente "diaframma"). Essi definiscono il cosiddetto **Triangolo dell'Esposizione**.

Dall'equazione si nota che, **per raddoppiare l'esposizione** (cioè, si dice, aumentarla di 1 "Stop di Esposizione") si può:

1. **Raddoppiare il valore di ISO.** Si definisce ISO[37] la **sensibilità del sensore di una fotocamera digitale.** È un parametro adimensionale che indica, data la potenza luminosa [W/m^2] in ingresso al sensore per un certo tempo di esposizione, quanta energia luminosa [W · s/m^2] (o [lux · s]) è stata catturata dal sensore nell'immagine acquisita. Mentre in una fotocamera analogica il termine ISO indicava specificatamente la sensibilità della pellicola, in una fotocamera digitale il valore di ISO incorpora sia la sensibilità del pixel, sia un fattore di amplificazione regolabile dall'esterno (e che permette all'utente di regolare il valore di ISO). I valori di ISO vengono convenzionalmente[38] proposti al fotografo a potenze di due, partendo dal valore 100 in cui non c'è alcuna amplificazione elettronica[39]:

$$100, 200, 400, \ldots 1600, \ldots$$

Ogni salto di ISO di un fattore 2 è detto "**Stop di ISO**", ed è positivo se è un aumento (e.g. da 100 a 200) negativo altrimenti (e.g. da 200 a 100). Si noti che la definizione dei valori numerici di ISO è standardizzata di modo tale che, a parità di altri settaggi, impostare ISO 400 su un sensore digitale darà gli stessi risultati di utilizzare una pellicola analogica o un altro sensore da ISO 400, a meno di una variabilità di esposizione dell'ordine di mezzo stop di esposizione dovuta alle possibili diverse efficienze quantiche.

---

[37] International Organization for Standardization.
[38] ISO 100 non vuol dire che il guadagno dell'amplificatore vale fisicamente 100. È una convenzione colloquiale (ma ufficialmente standardizzata).
[39] È evidente che non può essere esattamente così per tutti i sensori, a prescindere dalla loro efficienza quantica e tecnologia. Ma si approssima. Per la fotocamera Nikon's Z9, ad esempio, è stata misurata una ISO senza amplificazione pari a 70, ma la casa produttrice la dichiara come 100.

2. **Raddoppiare il tempo di esposizione** T_{Scatto}. **Più tempo lasciate aperto l'otturatore, più energia luminosa** [lux · s] vengono assorbiti dal sensore. Anch'esso è proposto con valori a potenze di 2, ma arrotondate a numeri semplici da ricordare:

    ...1/500, 1/250, ... 1/60, 1/30, ...

    Il minimo valore tipico è 1/8000, il massimo è indicato come B (*Bulb*, l'otturatore rimane aperto finché il fotografo tiene premuto il pulsante di scatto). Ogni salto di tempo di un fattore 2 è detto **"Stop di Tempo"**, ed è positivo se è un aumento (e.g. da 1/500 a 1/250) negativo altrimenti (e.g. da 1/250 a 1/500).

3. **Dimezzare il quadrato del numero F.** Se aumentate il numero F chiudete maggiormente il diaframma, limitando il numero di raggi in ingresso al sensore, come si è visto in Il Diaframma. Il numero F è proposto con valori a potenze di $\sqrt{2}$ perché un suo salto di $\sqrt{2}$ conta come un salto del fattore 2 di ISO e Tempo (il numero F è al quadrato nell'equazione dell'esposizione):

    1.4, 2.0, 2.8, 4.0, 5.6, ...

Scegliere di raddoppiare l'esposizione (se ad esempio si vuole una foto più luminosa, o semplicemente l'esposimetro indica "-1 Stop" rispetto all'esposizione ottimale) tramite questi tre metodi non è equivalente. O meglio, lo è ma solo in termini di luminosità d'immagine.

1. Aumentare le ISO ha l'effetto di amplificare il rumore shot, e deve dunque essere fatto unicamente se non si può fare altrimenti (non ci si può permettere di aprire ulteriormente il diaframma e di allungare ulteriormente il tempo di esposizione).

2. Allungare troppo il tempo di esposizione ha l'effetto di creare l'effetto mosso (a volte desiderato, ma spesso altamente indesiderato) su soggetti in movimento, e su tutta l'immagine se la fotocamera non è su supporto stabile (sempre indesiderato).

3. Aprire il diaframma ha l'effetto di ridurre la profondità di campo (a volte desiderato, a volte no), aumentare l'effetto delle aberrazioni ottiche ma riducendo quello della diffrazione (si ricordi che il compromesso in termini di nitidezza è il punto Sweet Spot).

Il tutto è riassunto nella tabella seguente [40].

Effetti Secondari	Per aumentare l'esposizione	Effetti Secondari
Maggiore Profondità di Campo	**Riduci il Numero F** f/8 f/5.6 f/4 f/2.8 f/2.0 f/1.4	Minore Profondità di Campo
	Aumenta il Tempo Fast 1/1000 sec Medium 1/250 sec Slow 1/30 sec	Rischio di Effetto Mosso
	Aumenta le ISO Low gain ISO 100 High gain ISO 6400	Amplificazione del Rumore Shot

Si noti che questa tabella non tiene conto del Flash. E meno male. Il bello del Flash è che fornisce al fotografo un parametro in più (la sua energia irradiata) per dosare l'esposizione, oltre che per direzionare a proprio arbitrio il fascio luminoso.

Misurare l'esposizione

In una fotocamera digitale l'esposimetro compie il lavoro di comunicare al fotografo se lo scatto che sta per eseguire è, secondo la sua misura, sottoesposto, sovraesposto o correttamente esposto. Il fotografo deve dunque curarsi unicamente di correggere uno o più parametri tra ISO, Tempo e Numero F al fine di portare lo scatto alla corretta esposizione. Non si può tuttavia non conoscere i diversi metodi di misura dell'esposizione, che verranno di seguito trattati.

A occhio

L'esposimetro TTL oggi incorporato nelle fotocamere digitali risale agli anni '60. Prima di tale data, era necessario capire se lo scatto che si stava per fare avesse il giusto grado di luminosità "a occhio". Situazione che oggigiorno si presenta solo per gli amanti del vintage (incluso il sottoscritto) che ancora fanno uso di tali dispositivi. Tuttavia, imparare a capire quanta luce c'è in uno scenario è senz'altro una skill utile che vi fornirà un sesto senso aggiuntivo.

Stop a ISO 100, 1s, f/1.0	Scenario
-6	Notte al chiaro di ¼ di luna
-3	Notte al chiaro di luna piena
+2	Edifici lontani illuminati
+4	Lume di candela
+6	Interno di edifici
+10	Alba e tramonto
+12	Giorno di sole, all'ombra
+13	Nuvoloso
+14	Parzialmente Nuvoloso
+15	Soleggiato

Per rendere oggettiva la misura "a occhio" dell'esposizione, l'ANSI (American National Standards Institute) ha fornito la tabella poc'anzi riportata, che indica gli Stop di sottoesposizione (negativi) o di sovraesposizione (positivi) in caso di scatto a ISO 100, T_{Scatto} = 1s e F1.0 (diaframma estremamente aperto e tempo molto lungo).

La tabella va utilizzata in questo modo. Si supponga di voler inquadrare un paesaggio al tramonto. La sovraesposizione di +10 data dalla tabella va compensata togliendo 10 Stop, che potranno essere tolti riducendo il tempo di esposizione (rispetto a 1s) e/o chiudendo il diaframma (rispetto a f1.0). In questo caso, al fotografo possono far piacere entrambe le cose, in quanto per un paesaggio si desidera in genere una profondità di campo alta (diaframma chiuso, dunque F da f/8.0 in su) e, supponendo lo scatto sia a mano libera, si avrà un vincolo sul tempo massimo per evitare il mosso (se ad esempio si sta scattando con un obiettivo da 50mm, si avrà un tempo di scatto massimo di circa 1/50s). Togliendo 5 T Stop si arriva ad un tempo di 1/60s, che è più che ragionevole. Togliendo 5 F Stop si arriva ad un valore di F pari a f/8.0, anch'esso ragionevole. Lo scatto verrà correttamente esposto, e non è stato necessario alzare le ISO. Qualora il fotografo avesse voluto esporre con profondità di campo maggiore (ad esempio f/11.0), avrebbe dovuto aumentare il tempo di scatto (se dotato di treppiede) o il valore di ISO.

Esposimetro interno (TTL)

Le fotocamere digitali sono dotate di un esposimetro TTL (Through-The-Lens), talvolta detto esposimetro interno, ossia di un misuratore di quantità di luce [lux · s] che il soggetto direziona sul sensore attraverso la lente che lo inquadra. Si tratta di un ottimo dispositivo, che vi darà ottimi consigli nella maggior parte delle circostanze, motivo per cui non vi consiglio di comprare un esposimetro esterno senza una reale motivazione. Ve lo consiglierei solo in caso decidiate di dedicarvi alla fotografia in Studio a livello professionale.

La vostra fotocamera vi consente di impostare tre tipologie di misurazione dell'esposizione:

1. **Spot**: l'esposizione è misurata nel punto di messa a fuoco. Dovete usarla se per voi esporre correttamente quello specifico punto è più importante di esporre in maniera mediamente corretta l'intera immagine. È quella che vi consiglio per la fotografia astronomica e per i ritratti, specialmente se in controluce, in cui si accetta di sovraesporre l'ambiente circostante pur di non sottoesporre la persona fotografata.
2. **Matrix**: l'esposizione è misurata sull'intero scenario inquadrato, calcolando la media delle diverse quantità di luce sulle diverse parti del sensore. È consigliabile per la fotografia paesaggistica.
3. **Ponderata Centrale**: è una via di mezzo tra le due precedenti, ossia si misura l'esposizione su tutto lo scenario ma dando più importanza alla zona centrale (che si suppone sia vicina al soggetto di interesse).

È evidente che queste tre misurazioni forniranno risultati simili solo in caso di scenario inquadrato ad luminosità circa uniforme, ossia con poco contrasto luce-ombra. Negli altri casi bisogna accettare di non poter esporre in maniera "corretta" ogni singolo elemento dell'immagine, ma solo i punti cui decidete di dare più importanza scegliendo il tipo di misurazione. Ma spesso è meglio così, un'immagine uniforme e totalmente priva di luci e ombre appare spesso poco interessante.

Se in alcuni casi, specialmente per i tramonti in controluce, volete che sia tutto correttamente esposto, vi viene in aiuto la **modalità HDR** (High Dynamic Range). In pratica, dovete effettuare più scatti (ve ne consiglio 5) dello stesso scenario variando il tempo di scatto per catturarlo a diverse esposizioni (vi consiglio -2, -1, 0, +1, +2), dove quest'ultima scala è ottenuta con misurazione matrix. Le fotocamere moderne dispongono di una modalità, detta "bracketing", che esegue questi 5 scatti (aggiustando i corrispondenti tempi) di fila, senza che voi dobbiate aggiustare i tempi e ri-scattare.

L'idea è quella di **fondere in post-produzione tali scatti** incorporando nell'immagine finale le parti correttamente esposte di ciascuna. È fortemente consigliato il treppiede. Primo perché non dovete assolutamente muovervi tra uno scatto e il successivo, altrimenti la fusione sarà imprecisa. Secondo perché potrebbero servirvi tempi lunghi per raggiungere i valori +1 e +2.

Figura 16: Esempio di HDR (Lago di Castel Gandolfo).

Esposimetro esterno

Immaginate di fotografare un gruppo di persone, alcune vestite di nero e altre di bianco (pensate ad un matrimonio o ad una generale foto di gruppo). In questo tipo di scatti si ricerca di solito la massima fedeltà nella riproduzione del vero, cioè si vuole che ciò che è nella realtà appaia nero anche in foto, e ciò che sia bianco appaia bianco. Potete avvicinarvi a questa riproduzione misurando l'esposizione in modalità Matrix, ma si tratta comunque di un'approssimazione poiché la vostra fotocamera medierà la luce che lo scenario gli riflette contro (**Reflective Metering**, "misura di riflessione"). Non è detto che tale media coincida con la luminosità ambientale incidente sui soggetti[40], che è quella che nella realtà li fa apparire neri, bianchi e così via. **La soluzione, in questo tipo di scatto,** sarebbe quella di misurare la luce incidente sui soggetti (**Incident Metering**).

E qui entra in gioco l'esposimetro esterno, che appunto potete posizionare non per forza dove sta la fotocamera, ma anche altrove. **Ubicandolo in un qualsiasi punto che riceva la stessa luminosità dei soggetti** (accanto ai soggetti stessi, oppure vicino alla fotocamera ma puntato verso la sorgente di luce[41]), permette di darvi indicazioni sui parametri di scatto in base alla luminosità ambientale. Lo scatto riprodurrà fedelmente ciò che i vostri occhi vedono.

---

[40] La coincidenza c'è solo se il tono medio dell'immagine è grigio al 18%, che le fotocamere assumono sia la riflettività media dello scenario inquadrato. Per rendervi l'idea: se usate (per semplicità) la misurazione Spot su un punto nero, la vostra fotocamera penserà che non sia un corpo nero immerso in una certa luce, ma un corpo grigio al 18% al buio totale. Vi suggerirà dunque di sovraesporre parecchio per schiarirlo (ma se volete uno scatto veritiero, quel soggetto dovrebbe apparire nero...). Si usa il grigio al 18%, anziché altri colori al 18%, perché insensibile al bilanciamento del bianco (apparirà grigio se illuminato al tungsteno piuttosto che al neon etc), e dunque è un ottimo riferimento.

[41] Se la sorgente di luce è il Sole, l'esposimetro esterno può stare distante dalla fotocamera senza fornirvi indicazioni sbagliate sull'esposizione. La differenza tra le attenuazioni che la luce subisce nei percorsi soggetto – fotocamera ed esposimetro – fotocamera è trascurabile rispetto a quella già subita nel cammino verso la Terra.

Vi dico che in realtà, se sapete leggere e violare (quando serve) la misura esposimetrica della vostra fotocamera, non vi serve un esposimetro esterno da questo punto di vista. **È invece un must per la fotografia in studio**, dove potrete utilizzarlo per misurare l'esposizione in corrispondenza dei lampeggi dei flash esterni.

Notate poi che la misura esposimetrica esterna non è ovviamente TTL. Non guarda attraverso la lente e dunque non tiene conto della sua trasmittanza e dell'eventuale presenza di filtri esterni. Questo è un punto a favore dell'esposimetro interno, ma vi dico anche che non è un grande problema poiché vi basterà un po' di esperienza per capire come leggere e violare anche la misura esposimetrica esterna,

Esporre col flash a slitta

Il flash a slitta è un accessorio eccezionale che consiglio a tutti, professionisti e non, per via del suo ridotto costo e delle grandi potenzialità di cui si è già parlato. Non può mancare dunque un paragrafo dedicato a come utilizzarlo per esporre in maniera corretta. Qua avete **due strade**: facile (TTL, cioè automatica) e difficile (manuale). Siete in giro e avete pochi istanti per cogliere l'attimo? Usate la prima. Volete fare un ritratto serio ad una persona, giocando il più possibile sulle luci? Usate la seconda.

TTL

La modalità TTL sta per **Through The Lens** ("attraverso l'obiettivo") e denota un sistema di funzionamento autonomo del Flash che, una volta che l'utente ha scelto la terna di parametri di scatto (Tempo, F e ISO), decide automaticamente che frazione di potenza del flash utilizzare. Non dovete fare altro che impostare la modalità TTL sul vostro flash e scattare. Se la luminosità della scena inquadrata con i vostri parametri di scatto è bassa (ossia state usando il flash perché senza di esso la foto vi verrebbe sottoesposta), la modalità TTL farà sprigionare al flash molta luce. Se invece la luminosità è già pressochè corretta (e dunque utilizzate il flash per riempire le ombre), la modalità TTL farà sprigionare al flash meno luce.

La modalità TTL è molto precisa in termini di esposizione perché si basa sulla seguente misura: al momento della pressione del pulsante di scatto, un debole lampo (**pre-flash**), solitamente non distinguibile dal lampo principale, viene inviato dal flash verso il soggetto, il quale lo riflette verso la fotocamera. Il risultato viene misurato dall'esposimetro TTL della fotocamera (e non dal flash, come avveniva nelle modalità automatiche non-TTL, ben meno accurate) e in base a tale misura la fotocamera comunica al flash la frazione di potenza da usare per esporre correttamente il soggetto, che verrà regolata aumentando o diminuendo la durata del lampo principale.

Manuale

Riprendiamo l'equazione dell'esposizione

$$E(x,y)[\text{lux} \cdot s] = K \cdot L_{\text{Soggetto}}[\text{lux}] \cdot \frac{\text{ISO}}{100} \cdot T_{\text{Scatto}}[s] \cdot \frac{1}{(F_{\text{Number}})^2}$$

Abbiamo visto che l'esposizione ci viene misurata dall'esposimetro proprio perché non conosciamo L_{Soggetto}. I flash da studio sono concepiti per essere utilizzati anch'essi in presenza di esposimetro, e in particolare di esposimetro esterno. I flash portatili invece, cioè quello integrato e quello a slitta, no. I costruttori devono dunque dare all'utente la possibilità di misurare l'effetto del proprio flash sull'esposizione del soggetto senza esposimetro esterno. E qui entra in gioco il numero guida.

Il flash esaurisce il suo contributo luminoso in un tempo T_{Flash}, che dunque deve essere sostituito a T_{Scatto} nell'equazione per ottenere il solo contributo del flash (senza considerare la luminosità ambientale) all'esposizione del soggetto. Il valore di F_{Number} che l'utente deve impostare per esporre ad un valore di E giudicato opportuno (205 Lux s) è dunque:

$$F_{\text{Number}} = \sqrt{\frac{L_{\text{Flash}} \cdot T_{\text{Scatto}}}{E} \cdot \frac{\text{ISO}}{100}} = \frac{1}{d}\sqrt{\left(\frac{\overline{P}_{\text{Flash}} \cdot T_{\text{Scatto}}}{E}\right) \cdot \frac{\text{ISO}}{100}}$$

dove la potenza per unità di area L_{Flash} è stata espressa come la potenza $\overline{P}_{Flash}$ irradiata dal flash diviso il quadrato della distanza d dal soggetto. La sopralineatura indica che tale potenza non è quella sul picco del fascio di luce, ma quella media sull'angolo di fascio sprigionato. La radice del termine tra parentesi dipende unicamente dal flash e viene dai costruttori chiamato numero guida, a meno di un fattore moltiplicativo che tiene conto dell'eventuale presenza di riflettori nel flash. Il numero guida di un flash è tanto più alto quanti più Watt·s esso emette, ma anche quanto più direttiva è l'illuminazione verso il soggetto.

Dato un flash integrato o a slitta, si definisce dunque **numero guida G** quel valore che, a ISO 100, dovete dividere per la distanza d dal soggetto [m] per ricavare il valore di F da impostare per la corretta esposizione:

$$F_{Number} = G / d$$

Se usate dei valori di ISO diversi da 100, e impostate sul flash soltanto una frazione (e.g. ½, ¼ etc) di potenza massima, l'equazione precedente diviene:

$$F_{Number} = \frac{G \cdot \sqrt{Power_{Frac} \cdot \frac{ISO}{100}}}{d}$$

Note:

- Supponiamo di voler **utilizzare tale formula a scopo di riempimento in un ritratto**. Partite impostando le ISO al valore 100 e il valore di potenza al massimo ($Power_{Frac} = 1$). L'equazione diventa $F_{Number} = G / d$ ed è semplice semplice. Noto il numero guida del flash (spesso inferiore a 14 metri per i flash integrati e tra i 40 e i 60 metri per i flash a slitta):

    1. Se non avete limiti stringenti sull'angolo di campo e dunque potete muovervi (avete libertà sulla scelta della distanza d dal soggetto), invertite la formula e ricavatevi la distanza che vi serve per avere il valore di F_{Number} che volete (2.8 per lo sfuocato dietro, 5.6 o 8 senza sfuocato etc).

2. Se avete poca libertà sulla distanza, il valore di F_{Number} sarà determinato da $F_{Number} = G / d$. Se volete più libertà in F_{Number}, agite sulle ISO o sui livelli di potenza. Duplicare le ISO è come avere un numero guida 1.4 volte superiore e vi permette di chiudere il diaframma di uno stop in più. Dimezzare la potenza vi permette di aprire il diaframma di uno stop in più.

A questo punto fissate il tempo di scatto al valore che l'esposimetro integrato nella fotocamera vi suggerisce ottimale per la luminosità ambientale. Tenete presente che se utilizzate dei soft box (che vi consiglio: la luce frontale del flash conferisce spesso un effetto quasi "horror" al soggetto, che è talvolta ricercato ma di certo non si può dire essere il canone di bellezza estetica generale).

- La formula ha dei limiti. Anzitutto risente della definizione "filosofica" del grado di esposizione opportuno del soggetto. Poi, il consigliarvi un valore di F o una distanza a partire dal numero guida non tiene conto della luminosità ambientale. Vi dico però che, a meno di utilizzare tempi di scatto enormemente lunghi, l'effetto della luminosità ambientale sull'esposizione del soggetto sottoposto a flash è piccolo poiché trascurabile rispetto all'energia luminosa che vi giunge dal flash. Invece, il tempo di scatto potrebbe influenzare la luminosità dello sfondo. Se volete un ritratto di una persona su sfondo completamente nero, dovete stare attenti e ridurre il tempo di scatto (nei limiti del vostro flash synchro time). Una manovra detta **kill the ambient light**. Infine, la formula con numero guida, non tiene conto che potreste utilizzare più flash insieme (ad esempio due flash a slitta collegati da remoto, o un flash integrato e uno a slitta da remoto). In tal caso, dovete adottare un **approccio trial and error**.

Gli istogrammi

Potete osservare quanto è esposto uno scatto tramite istogramma. Si tratta di un grafico che mostra **quanti pixel hanno un determinato valore di luminanza**. Muovendosi da sinistra a destra, la luminosità aumenta, passando dal nero puro alle ombre, ai mezzitoni (attorno al grigio al 18%), alle luci e al bianco puro.

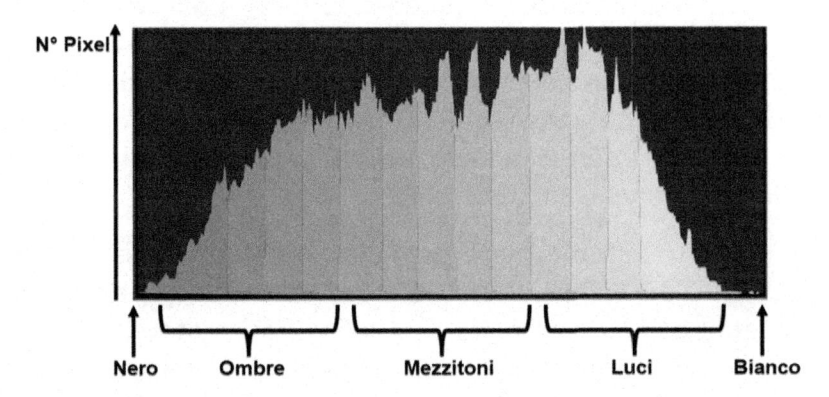

Figura 69: Significato dell'istogramma in scala di grigi.

Potete visualizzare l'istogramma di uno scatto già compiuto sul display della vostra focamera cosicchè, se non lo reputate idoneo, potete subito ripeterlo. In alcune Mirrorless, vi apparirà anche in fase di scatto (live histogram) sul mirino, il che è un enorme vantaggio rispetto alle Reflex, che possono presentarlo solo su display.

L'istogramma in scala di grigi vi dà indicazioni molto utili sullo scatto che avete fatto o che state per fare:
- **Esposizione**. Se il valor medio dell'istogramma è spostato a destra, la foto è sovraesposta. Se a sinistra, è sottoesposta. Se è sui mezzitoni, l'esposizione è bilanciata. Chiaramente se si tratta di un live histogram, il grafico concorderà con la misura dell'esposimetro.
- **Contrasto**. Maggiore la larghezza dell'istogramma, maggiore il contrasto (tra ombre e alte luci) dell'immagine. Non c'è il contrasto perfetto. Dovete voi scegliere quanto ne volete in quello specifico scatto.

Colore

Ciò che è percepito come bianco dall'occhio umano potrebbe non essere bianco per un sensore e viceversa. Di fatti, la temperatura di colore che l'occhio umano percepisce per un oggetto è funzione del tipo di illuminazione (stando tanto tempo in una stanza a luce gialla, il nostro sistema nervoso si abitua e ci farà apparire quei colori giallastri come "bianchi"). Bilanciare il bianco di uno scatto significa dunque **scegliere un elemento** che ne fa parte e **decidere di regolare la temperatura dell'intera immagine affinchè esso appaia bianco** all'occhio umano nella condizione di luce in cui si vuole sia osservata.

In fase di scatto le fotocamere permettono di impostare vari tipi di bilanciamento del bianco, tramite algoritmi di compensazione. Se ad esempio impostate "Lampada a Tungsteno", state dicendo alla fotocamera che l'ambiente in cui scattate ha la temperatura del giallo: la vostra fotocamera aggiungerà del blu per contrastarlo. L'utente può selezionarli uno a uno e vedere, dal display, se la temperatura dello scatto che ne verrà sarà di suo gradimento o no.

Dal display potete osservare anche gli **istogrammi** riferiti a ciascun colore **RGB** in tempo reale. Anzi, il vostro sensore ricava quelli, e poi li combina in modo pesato per ricavare quello in scala di grigi di cui abbiamo parlato nel paragrafo sull'esposizione. Il valore di picco di ciascun colore ad una data luminosità indica quanti pixel esso occupa nell'immagine. L'utilità di tali istogrammi risiede nella possibilità di farvi leggere il bilanciamento del bianco: la temperatura dominante sarà quella dei colori più intensi (picchi maggiori) e più spostati verso le alte luci. A parità di valori di picco, se i picchi dei tre colori sono vicini allora il bianco è bilanciato. Se invece uno dei tre colori è spostato più verso le luci, sarà quello a dominare la temperatura dell'immagine.

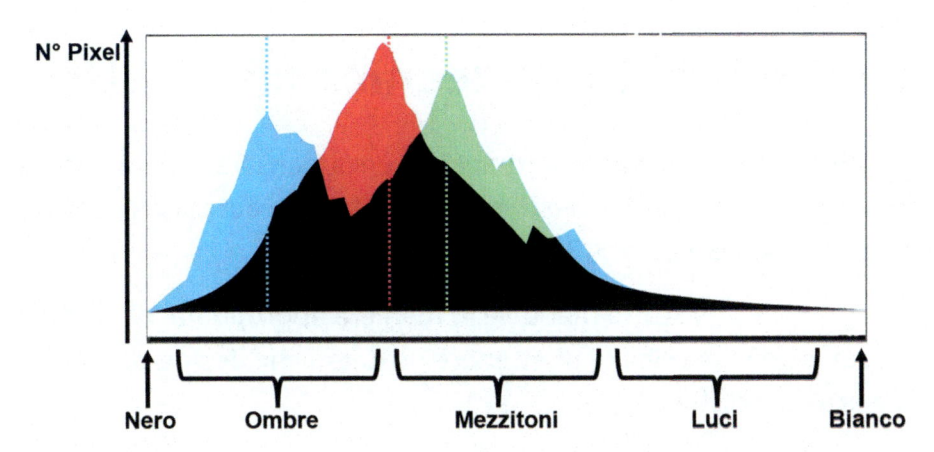

Figura 70: Istogramma a colori impiegato per il bilanciamento del bianco.

Vi dico però che **lo step di preoccuparvi del bilanciamento del bianco prima di scattare può essere evitato se fotografate in RAW** (come dovreste). E ve lo consiglio. In fase di scatto ci sono cose ben più importanti a cui pensare e spesso solo una frazione di secondo per pensare. **Impostate AWB**[42] (Automatic White Balance) e scattate. Poi, dal file RAW, **potete correggerlo** (se serve) con tutta la vostra calma (e con molti più gradi di libertà) **in post-produzione** senza alcuna perdita di qualità rispetto a farlo in fase di scatto.

---

[42] In questo modo, se scegliete l'opzione di salvataggio RAW+JPEG, avrete spesso quasi tutti i JPEG ben bilanciati da dare ai vostri amici.

Capitolo 4: Guida tecnica allo scatto

Se utilizzate le modalità automatiche senza pensare, non amate la fotografia e la fisica che ci è dietro. E otterrete scatti classici, triviali, da personaggio medio.

Per eseguire uno scatto manuale in maniera appropriata, i.e. che dia al fotografo la possibilità di ottenere i risultati che desidera, occorre seguire questi step:

1. Scegliere il tipo di scatto.
2. Impugnare correttamente la fotocamera.
3. Impostare Tempo, Diaframma e ISO per regolare la corretta esposizione.
4. Inquadrare propriamente il soggetto (*comporre*) e scattare.

A tali operazioni si aggiunge nello step 2. quella di configurare eventuale attrezzatura aggiuntiva in contesti più complessi (treppiedi, flash esterno, polarizzatore etc).

Scegli il tipo di scatto

Scegliete cosa volete fotografare e cosa volete ottenere. Fatto ciò, potrete scegliere la focale che vi serve in base a quanto grande volete il soggetto sull'immagine. La formula precisa, dato l'angolo di campo (verticale o orizzontale) di un soggetto osservato a una certa distanza, è la seguente:

$$f = \frac{H}{2 \cdot \tan(AOV/2)}$$

dove H è la dimensione orizzontale o verticale dell'oggetto sul sensore. Chiaramente non dovete usare tale formula prima di scattare, se non altro perché non conoscete l'angolo di campo del vostro soggetto. Ma saperla è utile per capire come funziona la prospettiva. Ed è utile per capire che focale serve per fotografare la Luna, ad esempio. Ma negli scatti comuni, andate a occhio. **Scegliete la focale che vi dà l'inquadratura che vi piace.** Non sceglietela corta dicendo "poi la ritaglio e ingrandisco" perché perderete risoluzione. Ma non dovete commettere nemmeno l'errore di sceglierla troppo lunga e tagliare i piedi alle persone inquadrate. Se avete una lente zoom potete cambiarla e verificare di continuo dal mirino. Se avete lenti fisse, dovrete sostituire l'obiettivo finchè non troverete quello dalla focale che vi soddisfa.

Scelta la focale, dovete chiedervi:

- **Che Tempo di Scatto mi serve?** Voglio congelare l'attimo o voglio il mosso creativo?
- **Che Profondità di Campo mi serve?** Voglio tutti gli elementi a fuoco o voglio lo sfuocato dietro?
- **Le circostanze** (luce, accessori, tempo a disposizione) mi permettono di ottenere lo scatto che voglio?

Dopo esservi posti queste domande (e spesso anche abbastanza in fretta), potete scegliere i parametri dello scatto.

Impugna correttamente

Non è stato affatto divertente subire la sgridata di esperti per l'impugnatura che, istintivamente, utilizzavo agli inizi. Per cui imparate subito quella corretta, che la prima cosa che fa capire se siete fotografi veri è questa.

L'**impugnatura standard**, che utilizzerete quasi sempre, prevede di utilizzare la vostra mano dominante per afferrare la macchina lateralmente, con il dito indice sul pulsante di scatto, e l'altra mano per sostenere l'obiettivo avvolgendolo con due o tre dita.

Quest'ultima mano deve sia sostenere stabilmente l'insieme corpo macchina – obiettivo, e lo fa in prevalenza tramite il suo palmo, sia permettervi di zoomare (e mettere a fuoco manualmente, se non state utilizzando l'AutoFocus). Si presti attenzione a non allontanare i gomiti eccessivamente dal corpo, ma anzi a cercare di tenerli vicini in modo da controllarli ed evitare movimenti. Questa impugnatura è adatta sia per inquadrature orizzontali che verticali.

Figura 71: Impugnatura standard, per inquadratura orizzontale (a sinistra) e verticale (a destra) [41].

Non impugnate la vostra reflex o mirrorless con le mani poste entrambe lateralmente, senza sostenere il corpo macchina. Lo scatto vi verrà mosso perché avrete molta meno stabilità.

Non guardatelo scenario dal display LCD (modalità "Live View"), a meno che non vi stiate dedicando a scatti paesaggistici o astronomici in presenza di treppiede. Inquadrare dal mirino rende la tenuta della fotocamera enormemente più stabile, poiché la mantiene aderente al corpo, il che è cruciale per evitare il mosso senza dover impostare tempi di scatto più brevi di quella della regola del reciproco.

L'impugnatura descritta vi dà la possibilità cruciale di **regolare i parametri di scatto continuando a osservare lo scenario dal mirino**. La regolazione di ISO, Tempo e diaframma avviene tramitte il pollice della mano non dominante, e l'indice e il pollice della mano dominante. Cercate sul manuale della vostra fotocamera quali tasti vi permettono di farlo e procedete. È più facile a dirsi che a farsi.

Occorre sottolineare che esistono possibili impugnature alternative, a seconda del genere fotografico e della posizione del soggetto rispetto al fotografo. Le regole sono, comunque, sempre le stesse, e tutte finalizzate a mantenere la fotocamera il più stabile possibile.

Figura 72: Impugnature alternative per casi specifici [42].

Imposta Tempo, Diaframma, ISO

Inquadra il soggetto di interesse e, rigorosamente continuando a guardare la misura esposimetrica e i nuovi parametri dal mirino (e non dal display LCD, salvo casi di scatto su treppiede), regola Tempo, Diaframma e ISO nel modo che segue.

Scegli Tempo e Diaframma

Quale dei due scegliere prima dipende da quello che è più importante per voi in quello specifico scatto. Sono entrambi parametri nobili perchè permettono di dosare la quantità di luce (il segnale "puro") in ingresso al sensore.

Se la vostra priorità è azzeccare il giusto tempo (per creare il mosso creativo o al contrario per congelare l'attimo senza il minimo rischio di mosso), dovete scegliere prima il tempo.

Ecco dei **consigli per evitare il mosso**:

- Se scattate a mano libera, vale una nota *rule of thumb* detta **"Regola del Reciproco"**:

    Con un obiettivo di focale equivalente[43] f, non impostate tempi di scatto più lunghi di 1/f (e.g. con una lente da 200mm, si possono impostare i tempi 1/250, 1/500 etc).

    Il motivo è che, se si utilizza un obiettivo a focale alta, con dunque zoom elevato, un piccolo tremolio millimetrico da parte del fotografo si traduce in uno spostamento equivalente del soggetto notevole (e.g. diversi metri).

---

[43] Si ricordi che, se il sensore è di tipo APS-C e l'obiettivo è pensato per un FF, la focale equivalente è pari alla focale vera moltiplicata per il fattore di taglio (1.5).

Tale regola vi protegge dal mosso (Motion Blur)[44] generale sulla foto dovuto al tremolio della vostra impugnatura, che è sempre e comunque indesiderato.

- Il precedente vincolo può diventare fortemente insufficiente se il **soggetto fotografato è mobile**. Vi basta imporre che lo spostamento del soggetto a velocità tangenziale V_T sull'immagine durante il tempo di esposizione T_{Scatto} sia minore del circolo di confusione C minimo visibile dall'occhio umano (un valore tipico è 0.02mm):

$$\underbrace{M \cdot V_T \cdot T_{Scatto}}_{\text{Spazio percorso sul piano del sensore}} \leq C$$

  Se state fotografando lateralmente un centometrista a 25km/h, a 50m di distanza e con 50mm di focale (M = f/D = 0.001), vi servirà un tempo di scatto non più lungo di 1/350s circa per non percepire il mosso.

- Per evitare il mosso dovuto sia al soggetto sia alle vibrazioni dell'impugnatura (senza treppiede e di telecomando/cavo di scatto remoto), **dovete usare il tempo più breve tra i due ottenuti con le due regole appena viste.**

- In presenza di un **ambiente molto buio e di apposito flash, potete violare leggermente le due precedenti regole.** Lo scenario buio impedirà al sensore di percepire il mosso ambientale. Il soggetto sarà non mosso per via del piccolissimo tempo di lampeggio (~1ms). Nel gergo si dice che "il Flash congela il momento". Ad esempio, permette di scattare un ritratto serale a 1/30s anche con 50mm di focale.

Ecco dei **consigli per realizzare due esempi di mosso creativo**:

---

[44] Si definisce **mosso** la mappatura di un singolo punto luminoso del soggetto in più punti luminosi immagine a causa del movimento del soggetto o dell'apparato fotografico. Il mosso non creativo è sgradevole come una sfocatura dovuta al fuori fuoco, ma se ne distingue perché il circolo di confusione del mosso è parallelo alla velocità del moto (se il soggetto si muove orizzontalmente, il mosso sarà una sfocatura solo lungo la direzione orizzontale).

1. **Effetto seta sull'acqua**. Dovrete usare un tempo di scatto dai 15 secondi fino anche a 2 minuti, in base a quanto volete uniforme il movimento dell'acqua. Dovete avere il treppiede perché solo l'acqua dovra essere mossa, non lo sfondo.

Figura 73: Effetto Seta sull'Acqua.

2. **Effetto Panning**. Dovete inquadrare un soggetto mobile (e.g. un'auto) di lato e muovervi alla sua stessa velocità per avere quel soggetto nitido e lo sfondo mosso.

Figura 74: Effetto Panning su un'Automobile.

Questa tecnica rientra nel mosso creativo, anche se la sua riuscita non è determinata primariamente dal tempo di scatto. Il vincolo principale è che dovete muovervi parallelamente al soggetto (facendo dunque un passo di lato), il che però è scomodo e rischia di farvi inclinare verticalmente la fotocamera. Pertanto, il fotografo procede **ruotando il proprio torso** (e la fotocamera insieme ad esso) a grande distanza (è consigliabile un teleobiettivo con almeno 100mm di focale) approssimando la traiettoria laterale del soggetto. Il fotografo deve sincronizzarsi **alla stessa velocità del soggetto**, il che richiederà molti tentativi falliti prima di ottenere uno scatto decente. Riguardo il tempo di scatto, deve essere sufficientemente breve da non creare il mosso sul soggetto, ossia da non farvi percepire il mosso dovuto alla differenza tra la vostra velocità di movimento e quella del soggetto. Dovete dunque sperimentare. **Tempi tipici** sono dell'ordine di **1/125 - 1/250s** per le auto in un centro abitato.

Se la vostra priorità è ottenere una profondità di campo precisa, dovrete scegliere prima il diaframma (numero F). Ecco dei consigli:

1. Tenete a mente i valori di diaframma intorno allo **Sweet Spot** della vostra lente (tipicamente tra **F5.6 e F11.0**). Sappiate che se uscite da questo range perderete un poco di nitidezza, e dunque fatelo solo se serve per lo scatto che volete.

2. **Se volete un'elevata profondità di campo** (tutti gli oggetti inquadrati devono essere a fuoco), ragionate così:

    - **Se gli oggetti fotografati sono lontani** (e.g. un paesaggio, la vista di una città, la Luna etc), non vi servirà chiudere troppo il diaframma per metterli tutti a fuoco. La logica è che a distanza infinita, è un po' tutto quanto a fuoco. **Usate i valori attorno allo Sweet Spot (F5.6 e F11.0)**, scegliendo il valore preciso in base ai vincoli su tempo (avete il treppiede? qualche oggetto si muove?) e sulla luce (potrete aiutarvi con le ISO in caso di poca luce, ma entro certi limiti).

- **Se gli oggetti fotografati sono vicini** (e.g. una statua, una persona etc), dovrete chiudere il diaframma di più rispetto a prima. Orientatevi sul valore limite superiore dello Sweet Spot (F11.0) o poco più (F16.0).

Quanto detto è matematicamente espresso dal fatto che, per garantire una DOF (Depth of Field) desiderata con un circolo di confusione C abbastanza piccolo, serve un numero F minimo via via più basso quanto maggiore è la distanza d dal soggetto al quadrato.

$$\text{Numero F} = \text{DOF} \cdot \frac{f^2}{2 \cdot d^2 \cdot C}$$

Chiaramente non dovete perdere tempo nella pratica ad usare questa formula. Capirete a occhio.

3. **Se volete ridotta profondità di campo** (volete mettere a fuoco un soggetto specifico, e.g una persona, e creare lo sfuocato dietro), ragionate così:

    - **Se il soggetto è staccato (molto distante) dallo sfondo**, e.g. è una persona con un paesaggio dietro, non dovrete aprire troppo il diaframma per creare lo sfuocato sullo sfondo. **Potrete orientarvi sul limite inferiore dello Sweet Spot (F5.6).**

    - **Se il soggetto è molto vicino allo sfondo**, e.g. è una persona appoggiata su ua parete, allora per sfuocare quest'ultima dovrete aprire molto il diaframma, scendendo a **valori anche come F2.8 – 4.0** (o meno, come 1.4 - 1.8, qualora vogliate creare anche il noto effetto bokeh). Siate precisi nella messa a fuoco che questa modalità, pur potendo dare risultati altamente suggestivi, è ad alto rischio di fuori fuoco per via della ridotta DOF in uso, oltre che per la lontananza dallo Sweet Spot della lente.

Scegli l'ISO

Scelti Tempo di Scatto e Numero F (diaframma), **dovete impostare il valore di ISO che vi garantisca l'esposizione ottimale**. Partite da ISO 100 ed alzate se è necessario. L'esposizione vi viene riportata in tempo reale dall'esposimetro, come visto in Misurare l'esposizione. Ricordatevi che nella maggior parte dei casi è meglio una leggera sovraesposizione di una leggera sottoesposizione (ETTR, Expose To The Right).

Ecco dei consigli pratici. **Partendo da ISO 100** (valore minimo):

1. **Se con Tempo e Numero F scelti, la foto viene sottoesposta** perché c'è poca luce per fare lo scatto che desiderate (caso frequentissimo), alzate le ISO per raggiungere la corretta esposizione. È vero, ciò vi amplificherà il rumore shot, creando una grana visibile. Ma non cadete nell'errore di non alzare le ISO per paura del rumore, con la conseguenza di scattare una foto buia e poi di illuminarla in post-produzione. Se fate così, amplificherete sia il rumore shot (come fanno le ISO), sia i rumori di sensore (come NON fanno le ISO), ottenendo un risultato peggiore.

   Alzate le ISO quanto vi serve. Se già sono alte (da 1600 in su) e la foto è sottoesposta, vedete se potete permettervi un diaframma leggermente più aperto e/o un tempo leggermente più lungo per farvi dare una mano da loro e non amplificare alcun rumore. Ma **se avete già ottimizzato al massimo Tempo e Diaframma, alzate le ISO quanto vi serve**. Qualcuno vi dirà che è giusto tenere la ISO sempre al minimo ma sbaglia. Se così fosse sarebbe stupido chi per anni ha acquistato pellicole con ISO superiori a 100. Il concetto è illustrato nella figura a pagina seguente.

2. **Se con Tempo e Numero F scelti, la foto viene sovraesposta** (caso tipico della fotografia paesaggistica in pieno giorno), ovviamente lasciate le ISO a 100. E piuttosto aggiustate diaframma e (soprattutto) tempo per sottoesporre.

Scatto su treppiede*. Ciò permette di utilizzare un tempo di scatto lungo e ISO minime. L'immagine ha un'ottima qualità perché si minimizzano gli effetti sia di rumore shot sia di rumore di sensore. Questo è il meglio assoluto che si può fare in uno scatto notturno del genere.

8s, ISO 200, f/5.6

*Si invita il lettore ad usare fantasia se non dispone di un treppiede. Un muretto di appoggio è spesso equivalente.

Scatto a mano libera. Il tempo di scatto non può essere lungo pena il mosso. A parità di diaframma, ciò ridurrà la quantità di luce in ingresso, rendendo rilevante inevitabilmente il contributo di rumore shot. È necessario alzare le ISO per non sottoesporre l'immagine.

1/30s, ISO 12800, f/5.6

Ciò che si ottiene è il meglio che si può fare a mano libera.

Scatto a mano libera. Il tempo di scatto non può essere lungo pena il mosso. Il fotografo, per il falso mito «ISO = Rumore», non ne alza il valore quanto servirebbe. Così esegue uno scatto sottoesposto ed è costretto ad illuminarlo in post-produzione, amplificando così sia il rumore shot (come fanno le ISO) sia il rumore digitale (come non fanno le ISO). È il risultato peggiore che si possa ottenere.

1/30s, ISO 400, f/5.6

Componi e Scatta

Per composizione si intende la disposizione degli elementi visivi (il soggetto principale, sul quale si vuole che l'osservatore focalizzi la sua attenzione, e gli elementi di sfondo) all'interno dello scatto. Non esiste una regola assoluta per una corretta composizione, ma esiste tuttavia un'indicazione estetica utile da tenere a mente per la sua capacità di conferire armonia al generico scatto.

La regola dei terzi

La regola dei terzi prevede nel suddividere visivamente l'immagine in un reticolo di nove rettangoli uguali. L'occhio dell'osservatore, tenderà spontaneamente a focalizzarsi tra i quattro vertici del rettangolo centrale. È su uno di tali punti che dunque in molti casi si preferisce ubicare il soggetto (o una sua parte "speciale", come gli occhi di una persona o di un animale), dandogli importanza molto maggiore rispetto a tutti gli altri elementi presenti nell'inquadratura.

Figura 75: Esempio d'uso della Regola dei Terzi (gli occhi del gatto sono attorno ad uno dei quattro vertici del rettangolo centrale).

Esecuzione Tecnica

Ovviamente potete scattare con la composizione che vi pare e poi ritagliare l'immagine e ingrandirla di modo che segua la regola dei terzi. Ma perderete risoluzione. La cosa migliore è dunque quella di comporre correttamente (anche senza seguire la regola dei terzi, ma semplicemente il vostro intuito creativo) durante lo scatto.

Esistono due tecniche operative per comporre. Si supponga di voler adottare la regola dei terzi, facile da applicare per via della presenza, sulle moderne fotocamere, della griglia dei terzi sul del mirino.

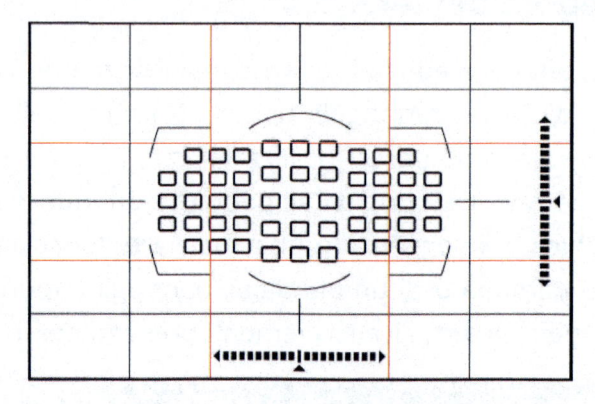

Figura 76: Griglia dei terzi (in rosso) disponibile sul mirino.

Una **prima tecnica,** utilizzata storicamente (in quanto la sola disponibile in assenza di Autofocus) e spesso preferita dai professionisti, prevede i seguenti passaggi in ordine:

1) **Si imposta il centro di messa a fuoco al centro dell'inquadratura** (impostazione solitamente di default di una fotocamera digitale).

2) **Si inquadra il soggetto**, disponendolo perfettamente al centro dello scenario cosicchè venga messo a fuoco

dall'AutoFocus (tramite semi-pressione del pulsante di scatto) o dal fotografo manualmente.

3) **Mantenendo il pulsante di scatto in semi-pressione[45], si effettua un piccolo spostamento laterale della fotocamera di modo da decentrare il soggetto** e ubicarlo su uno dei terzi dell'inquadratura (operazione detta "ricomposizione").

4) **Si esegue lo scatto** premendo in modo decisivo il pulsante di scatto, finora tenuto in semi-pressione.

Come deve essere effettuato il movimento per evitare di perdere il fuoco sul soggetto mentre viene decentrato (specialmente in caso di diaframma molto aperto e dunque di DOF ridotta)? Se l'obiettivo fotografico fosse la lente sottile ideale, dovrebbe essere un semplice spostamento laterale, poiché l'equazione di Imaging ci dice che tale lente mappa un piano sorgente in un piano immagine. Il fenomeno della Curvatura di Campo (paragrafo La lente reale) fa sì, però, che allontanandosi dal centro dell'inquadratura (cosa che stiamo facendo fare al soggetto) questo non è più vero. In prima approssimazione, su un sensore piatto, il soggetto si mantiene a fuoco se la fotocamera subisce non uno spostamento tangenziale, bensì uno spostamento circolare attorno ad un punto detto "di non parallasse" della lente. Che chiaramente non sapete dov'è. Il consiglio pratico più utilizzato è quello di **ruotare la fotocamera** (attenzione: non il vostro corpo, come fanno in molti) banalmente **attorno al centro dell'obiettivo**. La traiettoria del movimento è mostrata di seguito. Ciò potrebbe causarvi un leggero fuori fuoco in caso di diaframmi molto aperti, ma è inevitabile.

---

[45] Ciò serve a evitare che, ri-premendolo per scattare, l'AutoFocus si riattivi sul centro della nuova inquadratura.

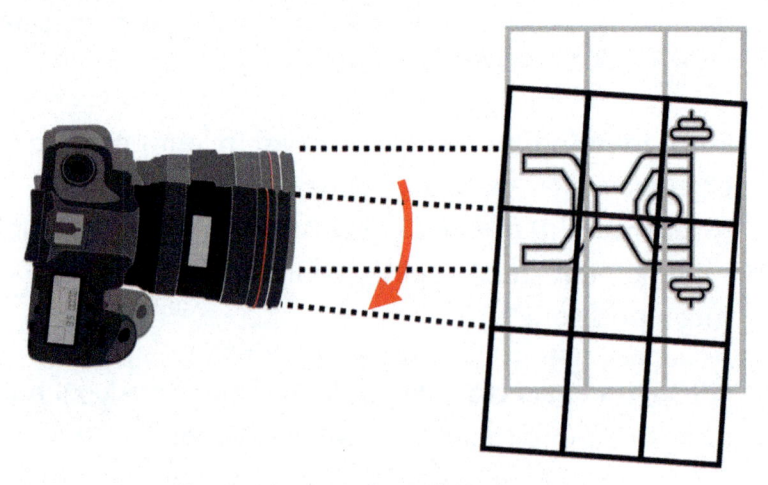

Figura 77: Movimento di ricomposizione.

La **seconda tecnica**, più intuitiva e disponibile solo con i sistemi di AutoFocus relativamente recenti prevede i seguenti passi:

1) **Si inquadra il soggetto** di modo che esso giaccia **fin da subito su uno dei terzi**.

2) **Si mette a fuoco il soggetto già decentrato**, spostando (mediante i cursori presenti sulla camera) il centro di messa a fuoco facendolo coincidere con la posizione del soggetto.

3) **Si preme il tasto di scatto**.

Al contrario di come spesso si afferma, il secondo metodo non è meno accurato del metodo tradizionale, bensì potenzialmente più accurato dato il fuori fuoco introducibile durante il movimento di ricomposizione. L'unico svantaggio di questo metodo è il tempo aggiuntivo impiegato dal fotografo per decentrare correttamente il punto di messa a fuoco tramite i sensori. La ricomposizione è invece più rapida una volta acquisita una certa esperienza. Vi invito a imparare entrambe le tecniche e a scegliere quella che preferite.

Capitolo 5: Paesaggistica

È il genere fotografico che ritrae il paesaggio naturale e/o urbano. O entrambi insieme. L'attrezzatura e la logica dietro la fotografia di paesaggio è ben consolidata e non prevede grosse differenze tra realtà urbana e naturale. In ambo i casi, l'attrezzatura prevede:

- **Lente Grandangolare** (dell'ordine dei 10 – 20 mm) **e Normale** (dell'ordine dei 50 mm). Oppure va bene **una lente unica e zoom** (alcune DLSR vengono vendute di serie con lenti da 18 – 55mm o 18 - 105mm: sono perfette per questo genere). Non che un teleobiettivo non vi possa offrire scorci di paesaggio affascinanti. Ma averlo non dovrà essere la vostra priorità. Vi farà molto più comodo un grandangolo per inquadrare l'intera piazza di una città alla moda, o di un maestoso paesaggio alpino. Anche un fisheye potrà farvi comodo. Ma non prendete solo quello perché non in tutti gli scatti ne gradirete la prospettiva.

Figura 78: Milano, Piazza Gae Aulenti, 15mm, ISO 100, F8.0, Tempo di Scatto 1/100s

- **Treppiede**. Se scattate di giorno e c'è molta luce (come nello scatto alla pagina precedente), spesso non vi servirà. E di certo non si può pretendere che viaggiando per le grandi città o per le montagne abbiate sempre il treppiede con voi. Ma, se scattate di notte, allora diventa un must. Se non ce l'avete, usate un po' di fantasia, ad esempio sfruttate un muretto di appoggio.

Figura 79: Agrigento, Valle dei Templi, 50mm, ISO 400, F5.6, Tempo di Scatto 1/2s

Se c'è tanta luce, il treppiede sarà comunque obbligatorio nel caso in cui vogliate utilizzare tempi di esposizione lunghi non per risolvere il problema della bassa luminosità (come nello scatto qui sopra), ma per creare l'effetto mosso su soggetti specifici (l'acqua di un fiume, una ruota panoramica etc). In tal caso, uno scatto a mano libera vi darà sì l'effetto mosso sul soggetto, ma anche un terribile effetto mosso sull'intera foto dovuto all'instabilità dell'impugnatura. Il treppiede risolverà il problema, a patto che abbiate anche il telecomando o cavo di scatto remoto, o usiate lo scatto ritardato per far svanire le vibrazioni da pressione del pulsante di scatto.

Ecco due esempi di mosso voluto. Il primo, sull'acqua del Tevere (in tal caso si parla di "**Effetto Seta**"). Il secondo, sulla ruota panoramica di Rimini. Il tempo lungo ha fornito non solo il mosso cercato, ma anche la luce necessaria (era notte). In questi casi il treppiede risolve due problemi in un colpo.

Figura 80: Roma, 50mm, ISO 100, F16.0, Tempo di Scatto di 30s.

Figura 81: Rimini, 27mm, ISO 100, F16.0, Tempo di Scatto di 15s.

- **Filtri**. Questi li utilizzerete prevalentemente per i paesaggi naturali, ma non è da escluderne l'utililità anche in contesti urbani. Sono degli accessori a forma circolare avvitabili davanti al vostro obiettivo al fine di creare diversi effetti. Vi consiglio sicuramente il **filtro a densità neutra**, che è un banale attenuatore di luminanza in ingresso. Potreste chiedervi a cosa serva, visto che se pure è giorno e c'è troppa luce, basta ridurre il tempo di scatto a valori come 1/8000 per risolvere. È vero, ma se volete creare l'effetto mosso in piena luce, e dovete usare tempi superiori a 1 secondo, vi assicuro che senza filtro avrete enormi difficoltà, a meno chiudere il diaframma a valori come F32.0 (poi non lamentatevi se la diffrazione vi si mangia però). Questo filtro è ottimo anche per tempi di esposizione lunghi usati ai fini di non far apparire nello scatto persone in transito davanti al vostro obiettivo[46], e non solo per il mosso creativo. E poi vi consiglio il **filtro polarizzatore circolare**, molto utile la rimozione della foschia nel cielo e dei riflessi sull'acqua o sui vetri. Se poi vi appassionate, potete acquistare le altre decine di filtri creativi che il mercato mette a disposizione...

Altri eventuali accessori, ovviamente male non fanno, ma non sono indispensabili. Il Flash, ad esempio, nella maggior parte delle vostre foto paesaggistiche non servirà perché non arriverà ad illuminare il paesaggio a grande distanza. Potrà servirvi in rari casi come riempimento delle ombre di soggetti a voi vicini durante uno scatto paesaggistico che le includa, ma è una circostanza rara.

---

[46] Se il loro transito davanti alla fotocamera è breve, il loro contributo di luce che arriverà sul sensore sarà trascurabile rispetto a quello che vi arriva da oggetti fissi, e sarà poco o per niente visibile.

I **parametri di scatto** che dovete utilizzare possono differire parecchio a seconda se state scattando di giorno o di notte e se avete il treppiede o meno. Ma la logica si rifa sempre alle regole viste in Capitolo 4: Guida tecnica allo scatto. Particolarizziamola a questo genere fotografico:

- Diaframma. Spesso vorrete che tutti gli elementi inquadrati siano a fuoco, sia per i paesaggi urbani che naturali. Punterete dunque **a diaframmi prossimi allo Sweet Spot della lente (5.6 – 11.0)**, eventualmente anche leggermente più chiusi (F16.0) qualora vogliate una profondità di campo maggiore (a spese di un piccolo calo di nitidezza generale) o creare il noto effetto Stella.

- Tempo di Scatto. Se non volete il mosso creativo, generalmente utilizzerete un tempo abbastanza lungo da garantirvi la corretta esposizione al diaframma desiderato senza dover aumentare le ISO. Chiaramente questo tempo sarà limitato dalla regola del reciproco della focale qualora non abbiate il treppiede, e dall'eventuale movimento degli elementi inquadrati (le foglie mosse dal vento etc). **I tempi** saranno in ogni caso **mediamente lenti** rispetto ad altri generi fotografici (dell'ordine di 1/30 – 1/100s in caso di scatto a mano libera, e da 1/15 fino anche a 30 secondi in caso di treppiede ed eventualmente mosso creativo).

- ISO. Le imposterete **in base alla misura esposimetrica** dopo aver scelto tempo e diaframma. Potranno variare dal valore 100 in caso di tempi di esposizione lunghi e molta luce, fino a valori come 6400 in assenza di treppiede e di notte. Inutile dirvi che di notte cercate di disporre del treppiede, o arrangiatevi su un muretto.

In merito al diaframma, si è citato l'**Effetto Stella**, molto utilizzato nella fotografia notturna delle città. Si tratta dell'unico effetto potenzialmente desiderato della diffrazione da diaframma chiuso (da F11.0 in su) su sorgenti luminose circa puntiformi (e.g. un lampione), che appariranno sul sensore con l'aspetto di dischi di Airy.

Figura 82: Tevere Expo 2019, ISO 500, F13.0, Tempo di Scatto 1.6s.

Il fatto che il disco di Airy sia contornato da raggi (da qui il nome "Stella"), anziché anelli, è dovuta alla non perfetta circolarità del diaframma, che ha un certo numero di lame formanti un poligono. La figura che segue mostra la geometria del disco di Airy in base alla geometria del diaframma, corrispondenza ricavabile tramite principio di Huygens. Un numero ridotto di lame crea l'effetto stella.

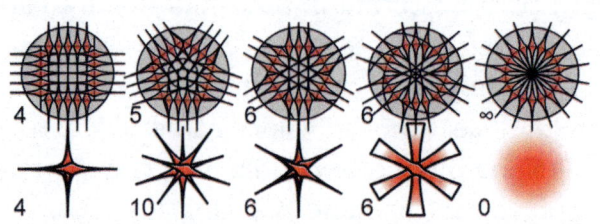

Figura 83: Disco di Airy in funzione della geometria del diaframma [43].

Capitolo 6: Astrofotografia

È il genere fotografico che ha come soggetti corpi celesti. Se vorrete diventare dei professionisti del settore, vi servirà un'attrezzatura molto specifica. Mi riferisco a fotocamere come le ZWO ASI, che sono essenzialmente dei sensori CMOS immersi in un grosso dissipatore metallico per evitare il surriscaldamento da lunghe esposizioni, e di telescopi con montatura per la compensazione della rotazione terrrestre. Vediamo una panoramica tecnica sui suoi soggetti più comuni.

Non posso entrare nel dettaglio di tutto ciò in un capitolo. Perciò mi limiterò a mostrarvi gli scatti che potete ottenere con un'attrezzatura fotografica standard, ossia fotocamera e grandangolo (per la Via Lattea) o teleobiettivo (per la Luna).

La Via Lattea

La Via Lattea, cioè la galassia cui appartiene il nostro sistema solare, è composta da miliardi di stelle, molte delle quali visualizzabili in una fascia chiara di luce biancastra (da cui l'attributo "lattea") che attraversa trasversalmente il cielo. È, tra i corpi celesti trattati in questo testo, quello più complesso da fotografare, ma che richiede attrezzatura meno costosa.

Per fotografare la Via Lattea è cruciale seguire queste indicazioni:

1. **Prepararsi l'attrezzatura**:
    - Treppiede stabile + Telecomando/Cavo di Scatto. Quest'ultimo eviterà che l'inevitabile pressione del pulsante di scatto crei il mosso.
    - Obiettivo Normale, meglio se Grandangolare.

2. **Programmare**. La Via Lattea appare in posizioni diversi del cielo a seconda del periodo dell'anno e del punto di

osservazione. Nel nostro emisfero, in primavera ha una conformazione verticale, sorge ad EST e, durantela notte, ruota verso SUD. Nei mesi estivi sorgerà via via più a SUD e ruoterà verso EST. Nei mesi di autunno e di inverno, la via lattea avrà una conformazione più orizzontale e sarà al limite dell'orizzonte, e dunque meno visibile. La visibilità della Via Lattea in funzione della data e del luogo di osservazione è conoscibile tramite il software Stellarium.

3. **Recarsi di notte** (cielo completamente scuro per aumentare il contrasto con la luce stellare) in un ambiente a basso livello di inquinamento luminoso, il più lontano possibile dalle luci della città. Il cielo deve essere limpido e privo di foschia.

4. **Individuare con precisione la Via Lattea nel cielo**, il che può essere fatto a occhio nudo o tramite Smartphone con applicazioni specifiche (come Sky Map o Star Chart). Si punta lo smartphone in una direzione e l'applicazione mostrerà, tramite GPS, i corpi celesti che si possono osservare in tale direzione.

5. **Impostare lo scatto** secondo le seguenti indicazioni:

    - **Lente Grandangolare**. Valori tipici variano da 10 a 35mm. Avendo un angolo di campo elevato, tale tipologia di lente impedirà di osservare nello scatto il movimento apparente delle stelle (dovuto alla rotazione terrestre) nel cielo che sarebbe molto visibile in caso di zoom elevati per via del tempo di scatto lungo. In caso non se ne disponga, si può utilizzare una lente non grandangolare ma si dovrà ridurre il tempo di scatto con possibili problemi di sottoesposizione.

- **Diaframma aperto (F piccolo).** Questo aumenterà la quantità di luce in ingresso alla lente, permettendo di lavorare con tempi di esposizione non troppo lunghi, limitando l'effetto del movimento delle stelle. Ma vi sconsiglio di usare il minimo valore di F a disposizione[47]. Se una lente dispone di un F minimo pari, ad esempio, a 1.4, un valore orientativo potrebbe essere 2.8.

- **Tempo di scatto elevato** (lo scenario è molto buio) ma non a tal punto da cogliere il movimento stellare. ma inferiore al valore (rule of thumb):

$$T_{Scatto_{Max}} = \frac{600}{f}$$

per evitare di catturare il movimento stellare. Notate che f è la focale equivalente, comprensiva di Crop Factor. Se ad esempio si usa un obiettivo di focale f 18mm con Crop Factor = 1 sul proprio sensore, il tempo dovrà essere inferiore a 600/18 = 33s. Il valore consigliabile sarà dunque 30s[48].

---

[47] Fatevi i calcoli con la formula della DoF e vedrete che vi basterebbe un valore di F infinitesimo per avere tutte le stelle a fuoco, poiché si trovano tutte approssimativamente sullo stesso piano sorgente: quello a distanza infinita. I telescopi, per questo motivo, lavorano ad apertura massima pur non avendo problemi di profondità di campo. Ma per un'obiettivo fotografico, la questione è diversa e **la DoF non è tutto. Anche l'obiettivo più nitido al mondo ha generalmente bisogno di uno stop di chiusura rispetto all'apertura massima per avvicinarsi al proprio Sweet Spot** e ridurre l'effetto delle aberrazioni (ben corrette invece nei costosissimi telescopi!).

[48] Si può calcolare il tempo di scatto massimo preciso partendo dalla velocità di rotazione terrestre (verrà fatto nel paragrafo sulla Luna). La regola che si ottiene è 130/f, il che vi dice che dovreste usare un tempo più breve di quello che vi ho scritto sopra. Ma vi dico che 600/f è per le stelle (le cui foto difficilmente

- **Valore di ISO ricavabile dalla misura esposimetrica**. Tipicamente il valore di ISO sarà da 1600 a 3200.

Figura 84: Via Lattea osservata da Campofilone, 18mm, ISO 3200, F4.0, Tempo di Scatto 30s.

6. **Mettere a fuoco le stelle**. Qui bisogna essere enormemente accurati. Quasi tutti i sistemi di AutoFocus non funzioneranno poiché richiedono una minima quantità di luminanza esterna per operare correttamente. E se per pura fortuna l'AutoFocus partisse, si avrebbe un margine di errore notevole sulla messa a fuoco.

---

vengono ritagliate e ingrandite quanto quelle della Luna) molto meglio. Questa è una delle situazioni in cui la pratica vince sula teoria.

Spesso si consiglia dunque di passare al fuoco manuale, dando il semplice consiglio "Mettete il fuoco sull'etichetta infinito o, se non fosse presente, arrivate a fine corsa del vostro obiettivo e tornate leggermente indietro." Vi garantisco che le stelle così vi verranno enormemente sfuocate.

Vi dico la soluzione che per me si è rivelata vincente. Una volta che la fotocamera è stabile sul treppiede e puntata nel settore di cielo di interessa, si abilita la modalità Live View, si imposta l'obiettivo su fuoco manuale e si punta l'obiettivo su una stella da noi ben visibile in cielo. La modalità Live View torna utile poiché permette di vedere la stella meglio rispetto al mirino. Si mette a fuoco dapprima in modo grezzo (senza zoomare). Poi, si zooma 5x su Live View e si raffina lo zoom. Dunque si zooma ancora a 10x sulla stella e si aggiusta con estrema finezza il fuoco. Molte fotocamere dispongono di una funzione in Live View detta Anteprima di Esposizione, che consente di mostrare come apparirebbe lo scatto se si cambiassero i parametri: se c'è, usatela aumentando le ISO per facilitarvi la visione della stella durante la messa a fuoco.

7. **Scattare**. A questo punto si de-zooma e si esegue lo scatto della Via Lattea. Eseguito lo scatto, è consigliabile zoomarlo per controllare la correttezza del fuoco, poiché non penso avreste piacere ritornare lì un'altra volta per una foto sfuocata.

8. **Non scoraggiarsi**. Al 99% dei casi, la Via Lattea apparirà molto debole nello scatto appena effettuato. Ciò non significa che non è stata catturata correttamente e non deve scoraggiare il fotografo. In questo genere fotografico, è cruciale la post-produzione per accentuarla.

La Luna

Inizio dicendovi che è pieno di fotografi che effettuano scatti di paesaggi con lenti grandangolari, e poi vi incollano una Luna ingigantita fotografata con teleobiettivo. Non fatelo. Lo scatto apparirà a chiunque innaturale e falso. In un paesaggio fotografato con grandangolo, la Luna apparirà molto piccola. È la prospettiva.

Detto ciò, la Luna è più semplice da fotografare rispetto alla Via Lattea, ma richiederà un'attrezzatura tanto più costosa quanto migliore volete diano i vostri risultati. Per fotografare la Luna è cruciale seguire queste indicazioni:

1. **Prepararsi l'attrezzatura**:
    - Treppiede stabile + Telecomando/Cavo di Scatto. Quest'ultimo eviterà che l'inevitabile pressione del pulsante di scatto crei il mosso.

    - Teleobiettivo. Spesso ci si chiede: che focale serve per vedere la Luna. La risposta è un'altra domanda: quanto area di sensore vuoi che occupi la Luna? Facciamoci due calcoli.

        Supponiamo che si voglia che la Luna occupi, in orizzontale, il 50% della lunghezza di un sensore APS-C Nikon (24mm x 16mm). In questo modo verrà molto zoomata e la foto potrà essere stampata senza doverla ritagliare perdendo qualità. La Luna sottende un angolo di campo orizzontale di circa 0.52°. Dunque, servirà una focale pari a (si ricordi la formula $H_{Immagine} = 2f \cdot \tan(AOV_{Orizzontale}/2)$ vista in L' Obiettivo):

        $f = 0.5 \cdot 12mm \cdot 1/\tan(0.52°/2) \approx 1300mm$

Non fatevi scoraggiare dal fatto che i teleobiettivi oltre i 400mm costino uno svario. Potete scattare tranquillamente con un 300mm e ritagliare l'immagine, accontentandovi di cogliere meno dettagli dei crateri. Tenete presente che se la lente che utilizzate è progettata per sensori Full Frame e state utilizzando un APS-C, il fattore di taglio vi aumenterà la lunghezza focale equivalente di 1.5x. Non mi sento invece di consigliarvi l'impiego di moltiplicatori di focale, ossia piccoli accessori che vi aumentano la lunghezza focale di un fattore tipico pari a 1.4x o 2.0x. Non sono economici, sono spesso causa di perdita di nitidezza e comportano una chiusura aggiuntiva del diaframma (un 300mm f/4.0, con un moltiplicatore 2x, diventa un 600mm f8.0).

2. **Programmare.** La fotografia della luna è meno vincolante di quella della Via Lattea e può essere svolta un po' quando capita. Ma, se si vuole fotografare una specifica fase lunare (ad esempio una luna piena) occorre svolgere lo scatto in quel preciso momento del ciclo lunare (di durata totale di 29 giorni). Scelto il giorno, si consulti l'orario del sorgere e del tramonto della Luna per essere certi di incontrarla.

3. **Recarsi in un ambiente a basso livello di inquinamento luminoso**, con un cielo limpido e privo di foschia. A differenza di quanto accade per la Via Lattea, si può fotografare decentemente la Luna anche senza andare fuori città (i miei scatti sono quasi tutti statoi effettuati dal mio balcone di casa) e anche di giorno, data la maggior luminosità della Luna rispetto alle stelle. Ma, più notte è e meno inquinamento luminoso c'è, meglio è.

4. **Impostare lo scatto** secondo le seguenti indicazioni:

   - **Diaframma Sweet Spot** (f/5.6 – 11.0). La Luna, per via della sua enorme distanza, avrà profondità di campo superiore a quella di nostro interesse (il raggio Lunare) anche al minimo valore di F impostabile su qualsiasi lente voi abbiate (provate a farvi i conti della DoF e vedrete). Tuttavia, la Luna è un soggetto relativamente luminoso, e ci si può dunque permettere di chiudere leggermente il diaframma al valore di Sweet Spot della propria lente, che spesso si aggira attorno a f/5.6-11.0. Per le stelle non ci si è posti l'obiettivo di utilizzare lo sweet spot dal momento che si trattava di un soggetto molto meno luminoso e che verrà ingrandito molto meno della Luna nell'immagine finale.

   - **Tempo di Scatto abbastanza rapido.** La rotazione terrestre è di 360° (2π) ogni 24 ore, e cioè ha una velocità angolare $\omega = \frac{2\pi}{24 \cdot 3600 \text{ s}} = 0.072 \text{mrad/s}$. Dunque il tempo utilizzabile su treppiede deve soddisfare la condizione:

   $$\underbrace{M \cdot V_T \cdot T_{Scatto}}_{\text{Spazio percorso sul piano del sensore}} \leq C \iff f/D \cdot D\omega \cdot T_{Scatto} \leq C$$

   Da cui:

   $$f \cdot \omega \cdot T_{Scatto} \leq C$$

   Considerando per il circolo di confusione C un valore limite di 0.01mm, si ottiene un tempo massimo di scatto pari a:

$$T_{\text{Scatto Max}} = \frac{0.01 \text{ mm}}{f \cdot 0.072 \cdot 10^{-3} \text{rad/s}} \sim \frac{130 \text{ mm}}{f} \text{s}$$

Potete sostituire a tale formula la focale che state usando e ricavare il massimo tempo di scatto per evitare il mosso. C'è però da dire che, se volete che la Luna occupi il 50% del sensore, dovete utilizzare il tempo che vi trovate con la focale da 1300mm che abbiamo calcolato prima. Questo perché se pure anche usate una focale più corta, per avere la Luna al 50% dovrete ritagliare l'immagine. Il tempo di scatto massimo è dunque $T_{\text{Scatto Max}} = \frac{130mm}{1300mm} \sim \frac{1}{10}$ s.

Personalmente mi tengo largo considerando **1/60s** o **1/125s** con treppiede. Primo perché mi piace ingrandire la luna oltre il 50% dell'immagine per apprezzarne i crateri. Secondo perchè uno scatto fuori fuoco si rimedia molto difficilmente. La Luna non vi creerà troppi problemi di sottoesposizione e dunque non ha senso tenersi al limite del mosso. La formula inoltre vale supponendo che la fotocamera non subisca tremolii. Se scattate a mano libera, essa non sarà più valida e dovrete affidarvi alla regola del reciproco della focale, impostando un tempo che è anche magari 5 volte più rapido (vi penalizzerà lo scatto richiedendovi circa 2 stop di esposizione da compensare aumentando le ISO).

- **Valore di ISO ricavabile dalla misura esposimetrica.** Usate la modalità spot, chiaramente, visto che vi interessa che la Luna singolarmente sia correttamente esposta. Considerate che la luminanza che la Luna rifletterà verso il sensore sarà maggiore in caso di plenilunio e minore nelle altre fasi. Precisamente, ho osservato un calo di esposizione di circa 1 stop ogni quarto di Luna in meno rispetto alla Luna Piena.

Figura 85: Scatto di Luna Piena osservata da Tivoli, 04/01/2023, 450mm, ISO 400, F8.0, Tempo di Scatto 1/125s, Processing con incremento di saturazione (effetto Mineral Moon)

5. **Mettere a fuoco**. Se la bassa luminosità delle stelle impediva il funzionamento corretto dell'AutoFocus, non dovreste invece avere troppi problemi fotografando la Luna. In caso ne abbiate, potete comunque procedere in modo manuale in maniera analoga a quanto visto per le stelle.

6. **Scattare**. Mi raccomando, zoomate anche qui sullo scatto appena effettuato per accertarsi che la Luna sia a fuoco prima di andarvene.

Capitolo 7: Ritrattistica

È il genere fotografico finalizzato mostrare le qualità fisiche e morali di una persona. È molto complesso data la vastità di scenari in cui si può fare un ritratto. Potrò mostrarvi solo la punta dell'iceberg.

Le lenti tipicamente impiegate dai fotografi nei ritratti hanno focali comprese tra 75mm (quella che uso personalmente) e 100mm. Una focale del genere è sufficientemente alta da evitare la distorsione grandangolare del viso, ed è tale da garantire diaframmi ancora abbastanza aperti (si ricordi che al crescere della focale, servono lenti più grandi per garantire uno stesso valore di F). Un valore di F piccolo (2.8 - 5.6), è utile per creare lo sfocato sullo sfondo.

Se volete dedicarvi con passione al ritratto, non vi basterà chiaramente scegliere solo l'obiettivo giusto. Dovrete saper giocare con le luci. Potete scegliere tra la **Luce Naturale** o quella **in Studio**. Sappiate che la seconda vi offre molte opportunità in più, permettendovi di dosare la direzionalità e l'intensità della luce in maniera molto creativa.

Un aspetto cruciale in entrambi i generi è il saper suggerire al soggetto le pose ottimali per lo scatto che volete ottenere (**posing**). Si tratta di un argomento complesso che non posso riassumere qui, ma come indicazione generale potete tenere a mente che per gli uomini sono spesso suggeribili pose più fiere, che evidenzino forza (mettendo in risalto la V-Shape del torso e la mascella), insieme a luci nette che creano ombre marcate. Per le donne, invece, sono spesso suggeribili pose che evidenzino le curve fisiologiche del corpo, spesso piegando leggermente polsi, gomiti e ginocchia, insieme a luci più morbide che conferiscano un senso di delicatezza. È una regola classica che vi consiglio di di applicare, ma al contempo di violare se volete ottenere scatti con effetti fuori dagli schemi.

In Luce Naturale

I parametri di scatto che dovete utilizzare possono differire parecchio a seconda dello scenario in cui effettuate il ritratto. Ma la logica si rifà sempre alle regole viste in Capitolo 4: Guida tecnica allo scatto. Alcuni scenari tipici in cui si effettuano i ritratti in luce naturale sono:

Ritratti notturni. Il soggetto è posto in un ambiente esterno serale. È la tipologia di ritratto in luce naturale più complicata per via della scarsa illuminazione. Cercate di posizionare, se potete, il soggetto in un luogo con luce sufficiente per semplificarvi la vita.

- Diaframma. Se non disponete del Flash a slitta, per limitare il problema della poca luce dovrete usare un diaframma molto aperto (e.g. F2.8), il che vi creerà comunque un ottimo sfuocato sullo sfondo ma potrà non garantirvi il fuoco su tutti i dettagli del soggetto. Potete anche portare la sfuocatura dello sfondo all'estremo abbassandolo a 1.4 o 1.8 (se la vostra lente ve lo permette) se volete creare il noto effetto bokeh. Tenete presente che, specialmente in quest'ultimo caso, è alto il rischio di sfuocare il viso del soggetto, dunque controllate l'esito di ogni scatto prima di andarvene, e se insoddisfatti provate con il fuoco manuale (l'AutoFocus può funzionare male con poca illuminazione). Se invece avete il Flash potete permetteri anche diaframmi più chiusi per una maggiore profondità di campo e maggior vicinanza allo Sweet Spot, ma perdendo lo sfuocato sullo sfondo.

- Tempo di Scatto. Se disponete di un treppiede potete adottare un tempo di scatto dell'ordine di 1/30 s, posto che il soggetto si mantenga fermo, altrimenti se siete a mano libera dovete seguire la rule of thumb del reciproco della focale.

- ISO. Le imposterete in base alla misura esposimetrica dopo aver scelto tempo e diaframma, Con il Flash a slitta potrà capitarvi anche di tenerle a 100. Senza Flash e a mano libera potreste dover arrivare a 3200 o giù di lì.

Golden Hour. È l'intervallo di tempo (di circa un'ora) in cui il Sole è molto basso all'orizzonte, ossia poco dopo l'alba e poco prima del tramonto. L'effetto è quello di diffondere notevolmente la luce (scattering), in quanto i raggi solari percorrono più atmosfera terrestre rispetto a quando il sole si trova verticalmente. Lo scattering atmosferico crea una **luce globalmente più morbida** (agendo da softbox naturale), ma è anche selettivo in frequenza (agisce magiormente sul blu), il che conferisce una **colorazione tra l'arancio** (sunset orange) **e l'oro** (golden) allo scenario. Inoltre, il calo di intensità dovuto allo scattering vi consente di fotografare anche in controluce senza creare necessariamente l'effetto silhouette. Avete dunque massima libertà nell'ubicare il soggetto con il sole alle spalle, con il sole di lato o davanti.

- Diaframma. La situazione a livello di luce è molto meno critica che nei ritratti notturni. Qui potete tranquillamente permettervi il diaframma Sweet Spot (5.6 – 11.0) anche in assenza di Flash e di Treppiede (che comunque vi consiglio, il primo da usare con softbox per riempire le ombre, il secondo per poter usare tempi più lunghi). Nessuno vi vieta di utilizzare diaframmi più aperti (come 2.8) qualora vogliate creare lo sfuocato sullo sfondo, o ancora più aperti qualora desideriate l'effetto bokeh.

- Tempo di Scatto. Rispetto ai ritratti notturni, la maggior luce potra consentirvi anche tempi più brevi (riducendo il rischio di mosso per il movimento del soggetto) senza farvi alzare troppo le ISO. Potrete scattare ottimi ritratti anche a mano libera, con tempi dell'ordine di 1/200s.

- ISO. Le imposterete in base alla misura esposimetrica dopo aver scelto tempo e diaframma.

Ambiente interno con luce solare proveniente da finestra. Il soggetto è tipicamente posto accanto ad una finestra che crea un effetto analogo alla luce laterale split che vedrete nella fotografia in studio. Avrà l'effetto di lasciare una parte del viso in ombra. Una variante è la luce (solare o di interno) proveniente da una porta semi – aperta. Il resto dell'ambiente è tipicamente lasciato in penombra

- Diaframma. Generalmente c'è luce sufficiente da permettervi il diaframma Sweet Spot (5.6 – 11.0) in qualsiasi circostanza. Anche qui potete comunque utilizzare diaframmi più aperti (come 2.8) qualora vogliate creare lo sfuocato sullo sfondo.

- Tempo di Scatto. Vale lo stesso discorso dei ritratti in Golden Hour.

- ISO. Le imposterete in base alla misura esposimetrica dopo aver scelto tempo e diaframma.

Ambiente interno o esterno con luce diffusa. Il soggetto è posto in un ambiente illuminato, che sia un paesaggio illuminato dal sole di giorno, o un salone illuminato dalle lampade interne. Tra tutti gli scenari descritti è quello con maggiore luminosità, sebbene comunque dipenda fortemente dalle condizioni atmosferiche (nubi sparse, nuvoloso o soleggiato). È spesso utile la presenza di un Flash per riempire le ombre sul viso del soggetto.

- Diaframma. Vale lo stesso discorso dei ritratti in ambiente interno con luce da finestra.

- Tempo di Scatto. Vale lo stesso discorso dei ritratti in ambiente interno con luce da finestre.

- ISO. Le imposterete in base alla misura esposimetrica dopo aver scelto tempo e diaframma.

Figura 86: Esempio di ritratto con sfuocato sullo sfondo in ambiente interno. 75mm, ISO 100, F = 1.8, Tempo di Scatto 1/100s. Modella: Carlotta Fucci.

Figura 87: Esempio di ritratto con sfuocato sullo sfondo all'aperto. 75mm, ISO 100, F = 1.8, Tempo di Scatto 1/400s. Modella: Carlotta Fucci.

In Studio

Se volete cimentarvi nella fotografia in studio, vi saranno fondamentali gli accessori seguenti:

1. **Fondale**. Si tratta di un telo (spesso in fibra di cotone e lavabile) dal colore uniforme (tipicamente bianco, nero, verde). Permette di creare uno sfondo uniforme e pulito.

2. **Flash da Studio**. Se potete permettervelo, sceglietene uno potente (e.g. 600W s) da utilizzare come **luce principale** ("key light"), uno più debole da utilizzare come riempimento per le ombre ("fill light") e altri due di potenza intermedia da utilizzare come luce posteriore ("back light") o laterale da utilizzare per staccare il soggetto dallo sfondo e infine come luce di fondo ("background light") per il fondale.

3. **Softbox e/o Ombrelli** per la diffusione delle luci.

4. **Esposimetro esterno**. I Flash da studio dispongono di una luce continua (luce guida) che potete tenere sempre accesa per vedere in anteprima come sarà la direzionalità di quella luce a seconda di come avete orientato e posizionato il flash. Tale luce non vi darà però idea della potenza di Flash che avete impostato ma sarà molto più debole. Pertanto non potrete usarla per misurare l'esposizione con l'esposimetro integrato alla fotocamera, bensì vi servirà un esposimetro esterno che misurerà l'esposizione in corrispondenza di un lampeggio di test che farete prima di scattare.

5. **Treppiede e telecomando/cavo di scatto remoto**.

Si definiscono **Schemi di Luce** le possibili configurazioni posizionali e direzionali dei Flash da studio. Quì avete la massima libertà. I quattro schemi classici che realizzabili con singolo flash key light (con un softbox per ammorbidirne la direzionalità) sono mostrati in figura. Dietro il soggetto si suppone la presenza di un fondale.

Luce Rembrandt

Luce a 45° rispetto al soggetto. Crea un piccolo triangolo di luce sulla guancia più lontana al flash.

Luce Loop

Luce a 45° rispetto al soggetto, elevata e puntata verso il basso. Crea una piccola ombra vicino al naso sul lato più lontano dal flash.

Luce a Farfalla

Luce frontale rispetto al soggetto, elevata e puntata verso il basso. Crea un'ombra netta sotto il naso, e ombre più dolci sulle guance.

Luce Split

Luce laterale rispetto al soggetto. Lascia metà viso in ombra e metà in luce.

Figura 88: Esempi di schemi di luce a singolo flash.

Qualora possiate permettervi anche gli altri flash che vi ho menzionato (tutti o alcuni), potete costruire un tipico "schema di luce a 4 punti" come quello mostrato di seguito. L'illuminazione principale arriva al soggetto a 45° come negli schemi Rembrandt e Loop, ma è presente specularmente un'illuminazione di riempimento per addolcire le ombre sul viso del soggetto.

È presente poi una luce posteriore per staccare il soggetto dallo sfondo, e una luce di fondo puntata unicamente sul fondale per staccarlo dal soggetto, fornendo una profondità maggiore rispetto a quella ottenuta con la singola luce posteriore. La luce di fondo è spesso desiderabile debole e molto diffusa, al fine di illuminare uniformemente il fondale.

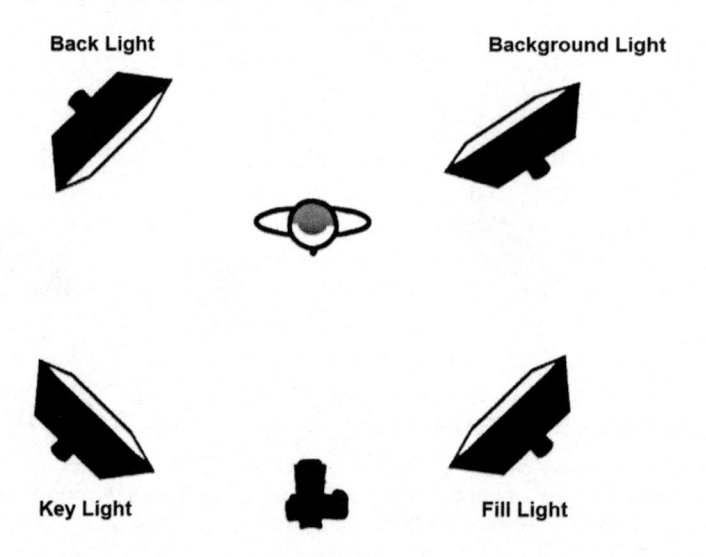

Figura 89: Tipico schema di luce a 4 punti.

Per quanto concerne i parametri di scatto, orientatevi su **ISO 100** (disponendo della quantità di luce che volete, doserete quest'ultima utilizzando l'esposimetro esterno affinchè possiate tenere le ISO basse per non amplificare il rumore shot), **diaframma** prossimo allo Sweet Spot della lente (**tra 5.6 e 11.0**, puntando verso primo se volete un leggero sfuocato sullo sfondo, e al secondo se volete un dettaglio maggiore sullo sfondo) e **Tempo di Scatto** il più rapido (per evitare il mosso) che vi consente il tempo di sincronizzazione della vostra fotocamera (un valore tipico è **1/125s**). Se i vostri flash supportano la modalità High Speed Synch, potete anche ridurlo a valori come 1/250s o 1/500s. Non ha senso ridurlo ulteriormente perché il mosso non si vedrà comunque (specialmente in presenza di lampi flash così brevi) e perché potrete non disporre della potenza necessaria a esporre correttamente con un tempo così breve mantenendo le ISO a 100.

Se siete alle prime armi, potete sperimentare questi schemi di Illuminazione (e tutti gli altri che vi verranno in mente) anche con dei semplici oggetti (come dei manichini). Un genere fotografico detto **Still Life** e incentrato sugli oggetti inanimati. Genere che però vi permetterà di apprendere anche come gestire l'illuminazione in studio per un ritratto. Quando poi vi troverete a scattare a conoscenti o modelle, almeno già saprete un minimo come direzionare la luce.

Di seguito uno scatto eseguito su manichino con Luce Rembrandt. Potete notare il triangolino di luce sopra la guancia destra.

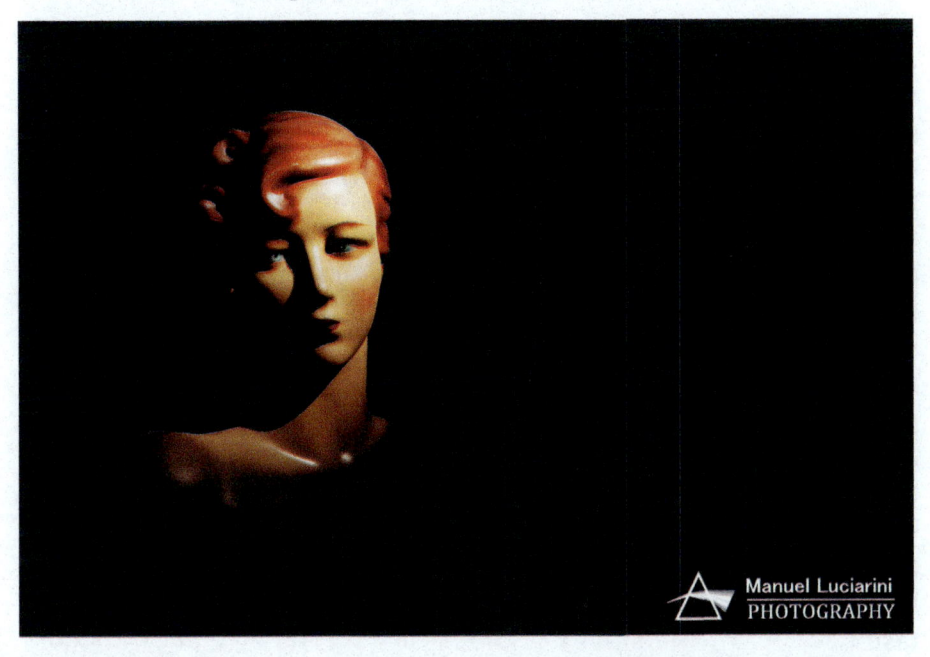

Figura 90: Scatto con Luce Rembrandt. 75mm, f11.0, 1/100s, ISO 100.

Bibliografia

[1] 'Elementi grafici utilizzati: Physics classroom equipment, designed by Iconicbestiary - Freepik.com, Restaurant menu in blackboard style, designed by Freepik.com, Sketch Photo Colored Set, designed by Macrovector - Freepik.com'.
[2] Charles S. Johnson Jr., *Science for the Curious Photographer: An Introduction to the Science of Photography*. 2010.
[3] A. Rowlands, *Physics of digital photography*. 2017.
[4] 'Portrait of Isaac Newton in cartoon style, designed by Brgfx - Freepik.com'.
[5] F. Rafael, 'Visualizing the Concept of Spatial Coherence'. https://rafael-fuente.github.io/
[6] Yoyokits, 'Huygens Diffraction'. https://commons.wikimedia.org/wiki/File:HuygensDiffraction.jpg
[7] Borb, 'Inverse square law'. https://commons.wikimedia.org/wiki/File:Inverse_square_law.svg
[8] Roland Hablützel, 'Equivalent Lens System: When N>1 Lenses become just One'. https://underthemath.wordpress.com/2020/05/31/equivalent-lens-system/
[9] Peter Peer *, Franc Solina, 'Where physically is the optical center?'
[10] 'Lenses'. http://www.physics.usu.edu/snively/1800/phys1800_lecture39-2010.pdf
[11] Jones, 'Physics 42200 - Waves and Oscillations'. https://www.physics.purdue.edu/~jones105/phys42200_Spring2013/notes/
[12] PanzerMaus~commonswiki, 'Soczewka'. https://commons.wikimedia.org/wiki/File:Soczewka5.svg
[13] 'Lens-coma'. https://upload.wikimedia.org/wikipedia/commons/3/31/Lens-coma.svg
[14] 'Abbe sine condition'. https://en.wikipedia.org/wiki/Abbe_sine_condition
[15] BenFrantzDale, 'Field curvature'. https://commons.wikimedia.org/wiki/File:Field_curvature.svg

[16]   Bill Hill, 'Concepts in Light and Optics - Lenses - Part 1'. https://escooptics.com/blogs/news/concepts-in-light-and-optics-lenses-part-1
[17]   SharkD, 'HSV color solid cylinder'. https://commons.m.wikimedia.org/wiki/File:HSV_color_solid_cylinder.png
[18]   'Nature scene with river and hills, forest and mountain, landscape flat cartoon style illustration, designed by Jcomp - Freepik.com'.
[19]   Perhelion, 'Camera2 mgx'. https://commons.wikimedia.org/wiki/File:Camera2_mgx.svg
[20]   'Realistic digital photo camera on tripod, designed by Macrovector - Freepik.com'.
[21]   Mattes, 'Zoomlens1'. https://commons.wikimedia.org/wiki/File:Zoomlens1.png
[22]   smial, 'Zoom prinzip'. https://de.wikibooks.org/wiki/Datei:Zoom_prinzip.gif
[23]   et A. Jelena Cvetković, 'MULTIPLE SENSORS' LENSLETS FOR SECURE DOCUMENT SCANNERS', Mar. 2011.
[24]   Zyxwv99, 'FOV both eyes and Vertical FOV'. https://en.wikipedia.org/wiki/File:FOV_both_eyes.svg
[25]   MikeRun, 'Photo lenses with a focal length and angle', [Online]. Available: https://commons.wikimedia.org/wiki/File:Photo_lenses_with_a_focal_length_and_angle.svg
[26]   Panther, 'Lens telephoto 1'. https://en.wikipedia.org/wiki/File:Lens_telephoto_1.svg
[27]   P. Spekar, 'Angénieux Rétrofocus', [Online]. Available: https://commons.wikimedia.org/wiki/File:Ang%C3%A9nieux_R%C3%A9trofocus.svg
[28]   Braindrain0000, '1 point perspective'. https://commons.wikimedia.org/wiki/File:1_point_perspective.svg
[29]   Fantagu, 'Verzeichnung3'. https://commons.wikimedia.org/wiki/File:Verzeichnung3.png
[30]   Ashley Pomeroy, 'Panotools5618'. https://commons.wikimedia.org/wiki/File:Panotools5618.jpg
[31]   GDallimore, 'DollyZoomTest'. https://en.wikipedia.org/wiki/File:DollyZoomTest.ogv

[32]   'Relative Illumination, Roll-Off, and Vignetting', [Online]. Available: https://www.edmundoptics.com/knowledge-center/application-notes/imaging/sensor-relative-illumination-roll-off-and-vignetting/
[33]   Hustvedt, 'Lens flare', [Online]. Available: https://commons.wikimedia.org/wiki/File:CCTV_Lens_flare.jpg
[34]   Sergio Cortino, 'Messa a fuoco: AF-S, AF-C e Tracking'. https://www.sergiocortinovisphotography.it/consigli-tecnici/100-messa-a-fuoco-af-s-af-c-e-tracking
[35]   Peter Welleman, 'Chipincamera'. https://commons.wikimedia.org/wiki/File:Chipincamera.jpg
[36]   Bob Mellish, 'Roof-pentaprism'. https://commons.wikimedia.org/wiki/File:Roof-pentaprism.svg
[37]   'Black vintage photographer icon set with man and equipments elements for work, designed by Macrovector - Freepik.com'.
[38]   Massimo Attardi, 'Stampa in gomma bicromata, museo MAAM'.
[39]   'NIKKOR Z 58mm f/0.95 S Noct'. https://imaging.nikon.com/lineup/lens/z-mount/z_58mmf095s/index.htm
[40]   JeanBizHertzberg, 'ExposureChoices'. https://commons.wikimedia.org/wiki/File:ExposureChoices.svg
[41]   'Male photographer set, designed by Macrovector - Freepik.com'.
[42]   'Male Photographer In Different Poses, designed by Macrovector - Freepik.com'.
[43]   'Cmglee (Own work), via Wikimedia Commons'. https://www.gnu.org/copyleft/fdl.html

Printed in Great Britain
by Amazon